Perfectie op het Bord

Het Complete Sous-Vide Kookboek

Joris Van den Berg

inhoudsopgave

VACUÜM KOKEN2022 .... **Errore. Il segnalibro non è definito.**

Rundergehakt Tortilla 8
Lichte Vegetarische Frittata 10
Avocado en Eiersandwich 12
duivel eieren 14
Gekookte eieren 16
gepekelde eieren 17
zachte en chili-eieren 19
Benedictus eieren 20
Roerei met dille en kurkuma 21
gepocheerde eieren 22
Eieren in Spek 23
Cherry Tomaat Eieren 24
Pastrami Scramble 26
Shakshuka-tomaat 27
Spinazie Tortilla 29
Omelet van rucola en prosciutto 31
Omelet van lente-ui en gember 32
italiaanse kippenvingers 34
Kersen Kip Bites 36
Kaneel Dadelpruim Toast 38
Gember Kippenvleugels 40
Vlees empanadas 42
gevulde boerenkool 44

Kruiden Italiaanse Worst Pannini 46

Artisjokken met citroen en knoflook 48

Panko dooierkroketten 49

chili-hummus 50

mosterd drumsticks 52

Auberginerondjes met pistachenoten 53

dip van groene erwten 55

Franse frietjes 56

kalkoensalade met komkommer 57

gember ballen 59

kabeljauw bijtballen 60

Geglazuurde Babywortelen 62

hete kippenvleugels 63

Bacon en uienmuffins 64

Mosselen in witte wijn 66

Tamari maïskolven 67

Coquilles Met Bacon 68

garnalen voorgerecht 69

Crème van kippenlever 70

pompoengroenten met gember 72

kreeft staarten 73

BBQ-tofu 74

smakelijke wentelteefjes 75

zoete en pittige eend 76

Sous Vide Ingemaakte Rabarber 78

kalkoen gehaktballen 79

Zoete Dijen Met Zongedroogde Tomaten 80

Kip Marinade	81
Fruitige Chorizo "Eat Me"	82
Kip en Champignons in Marsalasaus	84
Whiskey Vanille Abrikozen	86
makkelijk gekruide hummus	87
Kafferlimoen drumsticks	89
Melkachtige aardappelpuree met rozemarijn	90
Zoete tofu spiesjes met groenten	92
Dijon Kipfilet	94
Paprika Gevuld Met Wortelen En Walnoten	96
Oranje eend met paprika en tijm	98
Met spek omwikkelde kalkoenpoot	99
Mix van asperges en dragon	101
Pittige Bloemkoolsteaks	103
Cayennepeperreepjes met mayonaisedressing	105
boterzachte eend	107
boterachtige jam	108
Spinazie en champignonquiche	109
Mexicaanse botermaïs	111
Peren Met Kaas En Walnoten	113
Broccoli en blauwe kaaspuree	114
kerrie courgette	115
Gebakken Zoete Aardappelen Met Walnoten	116
Pittige ingemaakte rode biet	117
Pittige Boter Maïs	118
zoetzure kippenvleugels	119
Citrus Kippenborsten	121

Artisjok Gevulde Kip	123
Krokante Bacon Kip Wrap	124
Kip Met Zongedroogde Tomaten	125
Groentekip met sojasaus	127
Kipsalade op Chinese wijze met hazelnoten	129
Paprika Kip Lunch	131
Rozemarijn Kippenstoofpot	132
Krokante Kip Met Champignons	134
Courgette Kruiden Kipschotel	136
Koriander Kip Met Pindakaassaus	138
Stoofpotje van kip en prei	140
Mosterd kippenpoten	142
Kipsalade Met Kaas En Kikkererwten	144
Gelaagde kaasachtige kip	146
Kip op Chinese wijze	148
Oregano Kip Gehaktballetjes	150
Geladen kip uit Cornwall met rijst en bessen	152
Chessy Kip Opgerold	154
Munt Kip En Erwten Salade	156
Kruidenkip Met Champignonroomsaus	158
krokant gebakken kip	160
Groene Kipsalade Met Amandelen	162
Melkachtige Kokos Kip	164
Kip- en spekbord in Romeinse stijl	166
Salade van cherrytomaat, avocado en kip	168
chili kip	170
Kippenvleugels met honingsmaak	172

Groene kerrie kip met noedels 174
Mini Avocado Pesto Kip Bites 176
cheesy kippenballen 178
Turkije Cheeseburgers 180
Kalkoen gevuld met bacon en walnoten gewikkeld in ham 182
Turkije Caesar Salade Tortilla Rolls 185
kalkoen salie roll 187
Kalkoenfilet met tijm 190
Pesto Kalkoen Gehaktbal Burgers 191
Kalkoenfilet met walnoten 193
Gekruide kalkoenschotel 195
Kalkoen in Sinaasappelsaus 196
Kalkoenpoten met tijm en rozemarijn 198
Kalkoenfilet Met Kruidnagel 200
Kalkoenfilet Met Dille En Rozemarijn 201
Geroosterde zoete eend 203
Eendenborst met tijm t 205
Oranje ganzenconfituur 207
Garnalen Pasta Met Citroen En Kaas 209
Heilbot met Miso en Sweet Sherry Glaze 211
Krokante zalm met zoete gemberglazuur 213
Citrusvis Met Kokossaus 215
Gepocheerde schelvis met limoen en peterselie 217

Rundergehakt Tortilla

Bereiding + kooktijd: 35 minuten | Porties: 3

Ingrediënten:

1 kop mager rundergehakt
¼ kopje fijngehakte uien
¼ theelepel gedroogde tijm, gemalen
½ theelepel gedroogde oregano, gemalen
Zout en zwarte peper naar smaak
1 eetlepel olijfolie

Adressen:

Verwarm de olie in een koekenpan op middelhoog vuur. Voeg de uien toe en bak ze ongeveer 3-4 minuten, of tot ze glazig zijn. Voeg het gehakt toe en bak 5 minuten, af en toe roerend. Bestrooi met een beetje zout, peper, tijm en oregano. Roer goed en kook nog een minuut. Haal van het vuur en zet opzij.

Zet een waterbad klaar en plaats de Sous Vide hierin. Zet op 170 F. Klop de eieren los in een middelgrote kom en giet ze in een vacuüm afsluitbare zak. Voeg het rundergehaktmengsel toe. Laat de lucht ontsnappen met behulp van de waterverplaatsingsmethode en sluit de zak.

Dompel de zak onder in het waterbad en stel de timer in op 15 minuten. Draag een handschoen en masseer de zak om de 5 minuten om een gelijkmatige bereiding te garanderen. Zodra de timer is gestopt, haal je de zak uit het waterbad en leg je de tortilla op een serveerschaal.

Lichte Vegetarische Frittata

Bereiding + kooktijd: 1 uur 40 minuten | Porties: 5

Ingrediënten

1 eetlepel olijfolie
1 middelgrote ui gesnipperd
Zout naar smaak
4 teentjes knoflook, fijngehakt
1 daikon, geschild en in blokjes
2 wortelen, geschild en in blokjes gesneden
1 pastinaak, geschild en in blokjes
1 kopje pompoen, geschild en in blokjes gesneden
6 ons oesterzwammen, gehakt
¼ kopje peterselieblaadjes, vers gehakt
Een snufje rode pepervlokken
5 grote eieren
¼ kopje volle melk

Adressen

Zet een waterbad klaar en plaats de Sous Vide hierin. Instellen op 175 F. Vet een paar potten in met olie. Opzij zetten.

Verhit een koekenpan op hoog vuur met olie. Voeg het uienzweet toe gedurende 5 minuten. Voeg de knoflook toe en bak 30 seconden. Breng op smaak met zout. Combineer wortelen, daikon, pompoen en pastinaak. Breng op smaak met zout en kook nog 10 minuten. Voeg de champignons toe en breng op smaak met de pepervlokken en peterselie. Kook gedurende 5 minuten.

Klop in een kom de eieren en melk los. Breng op smaak met zout. Scheid het mengsel tussen de potten met de groenten. Sluit de potten af en dompel ze onder in het waterbad. Kook gedurende 60 minuten. Zodra de timer is gestopt, verwijdert u de potten. Laat afkoelen en serveer.

Avocado en Eiersandwich

Bereiding + kooktijd: 70 minuten | Porties: 4

Ingrediënten:

8 sneetjes brood

4 eieren

1 avocado

1 theelepel paprikapoeder

4 theelepels hollandaisesaus

1 eetlepel gehakte peterselie

Zout en zwarte peper naar smaak

Adressen:

Zet een waterbad klaar en plaats de Sous Vide hierin. Zet op 145 F. Schep het vruchtvlees uit de avocado en pureer. Voeg de saus en kruiden toe. Doe de eieren in een vacuüm afsluitbare zak. Laat de lucht ontsnappen door middel van waterverplaatsing, sluit af en dompel de zak onder in een waterbad. Zet de timer op 1 uur.

Zodra dit is gebeurd, plaatst u het onmiddellijk in een ijsbad om af te koelen. Pel en snijd de eieren in plakjes. Besmeer de helft van de eierplakjes met de avocadopuree en bedek met de eierplakjes. Bedek met de resterende sneetjes brood.

duivel eieren

Bereiding + kooktijd: 75 minuten | Porties: 6

Ingrediënten:

6 eieren

sap van 1 citroen

2 eetlepels gehakte peterselie

1 tomaat, in stukjes

2 eetlepels gehakte zwarte olijven

1 eetlepel yoghurt

1 eetlepel olijfolie

1 theelepel mosterd

1 theelepel chilipoeder

Adressen:

Zet een waterbad klaar en plaats de Sous Vide hierin. Instellen op 170 F. Plaats eieren in een vacuüm afsluitbare zak. Laat de lucht ontsnappen door middel van waterverplaatsing, sluit af en dompel de zak onder in een waterbad. Zet de timer op 1 uur.

Als u klaar bent, verwijdert u de zak en plaatst u deze in een ijsbad om af te koelen en te schillen. Halveer en verwijder de dooiers. Voeg de resterende ingrediënten toe aan de dooiers en roer om te combineren. Vul de eieren met het mengsel.

Gekookte eieren

Bereiding + kooktijd: 1 uur 10 minuten | Porties: 3

Ingrediënten:

3 grote eieren
ijsbad

Adressen:

Maak een waterbad, plaats Sous Vide erin en stel in op 165 F. Plaats de eieren in het waterbad en stel de timer in op 1 uur.

Zodra de timer is gestopt, breng je de eieren over naar een ijsbad. Pel de eieren. Serveer als broodje of in salades.

gepekelde eieren

Bereiding + kooktijd: 2 uur 10 minuten | Porties: 6

Ingrediënten:

6 eieren

1 eetlepel peperkorrels

Sap uit een blikje bieten

1 kopje azijn

½ eetlepel zout

2 knoflookteentjes

1 laurierblad

¼ kopje) suiker

Adressen:

Zet een waterbad klaar en plaats er Sous Vide in. Zet op 170 F. Laat de eieren voorzichtig in het water zakken en kook gedurende 1 uur. Breng met een schuimspaan over in een grote kom met ijswater en laat een paar minuten afkoelen. Schil en plaats in een pot van 1 liter met een scharnierend deksel.

Combineer de resterende ingrediënten in een kleine kom. Giet over de eieren, sluit af en dompel onder in het bad. Kook gedurende 1 uur. Haal de pot uit het waterbad en laat afkoelen tot kamertemperatuur.

zachte en chili-eieren

Bereiding + kooktijd: 60 minuten | Porties: 5

Ingrediënten:

1 eetlepel chilipoeder
5 eieren
Zout en zwarte peper naar smaak

Adressen:

Zet een waterbad klaar en plaats er Sous Vide in. Instellen op 147 F. Plaats eieren in een vacuüm afsluitbare zak. Laat lucht ontsnappen door middel van waterverplaatsing, sluit af en dompel onder in bad. Kook gedurende 50 minuten.

Zodra de timer is gestopt, verwijdert u de zak en plaatst u ze in een ijsbad om af te koelen en te schillen. Bestrooi de eieren met de kruiden en serveer.

Benedictus eieren

Bereiding + kooktijd: 70 minuten | Porties: 4

Ingrediënten:

4 eieren

3 ons spek, in plakjes

5 eetlepels hollandaisesaus

4 koekjesmuffins

Zout en zwarte peper naar smaak

Adressen:

Zet een waterbad klaar en plaats de Sous Vide hierin. Instellen op 150 F. Plaats eieren in een vacuüm afsluitbare zak. Laat de lucht ontsnappen door middel van waterverplaatsing, sluit af en dompel de zak onder in een waterbad. Zet de timer op 1 uur.

Zodra de timer is gestopt, verwijdert u de zak en scheidt u deze. Pel de eieren en leg ze op de muffins. Besprenkel met saus en bestrooi met zout en peper. Top met spek.

Roerei met dille en kurkuma

Bereiding + kooktijd: 35 minuten | Porties: 8

Ingrediënten:

8 eieren
1 eetlepel kurkumapoeder
¼ kopje dille
1 theelepel zout
snufje paprika

Adressen:

Zet een waterbad klaar en plaats de Sous Vide hierin. Zet op 165 F. Klop de eieren in een kom samen met de rest van de ingrediënten. Breng over in een vacuüm afsluitbare zak. Laat de lucht ontsnappen door middel van waterverplaatsing, sluit af en dompel de zak onder in een waterbad. Zet de timer op 15 minuten.

Zodra de timer is gestopt, verwijdert u de zak en masseert u zachtjes om te combineren. Kook nog 15 minuten. Haal de zak voorzichtig uit het water. Heet opdienen.

gepocheerde eieren

Bereiding + kooktijd: 65 minuten | Porties: 4

Ingrediënten:

4 kopjes water
4 paprika-eieren
1 eetlepel mayonaise
Zout en zwarte peper naar smaak

Adressen:

Zet een waterbad klaar en plaats er Sous Vide in. Instellen op 145 F. Plaats eieren in een vacuüm afsluitbare zak. Laat lucht ontsnappen door middel van waterverplaatsing, verzegel en dompel het bad onder. Zet de timer op 55 minuten.

Zodra de timer is gestopt, verwijdert u de zak en brengt u deze over naar een ijsbad om af te koelen en te schillen. Breng ondertussen water aan de kook in een steelpan. Doe de gepelde eieren erin en kook ze een minuutje. Terwijl de eieren koken, meng je de overige ingrediënten. Spuit de eieren.

Eieren in Spek

Bereiding + kooktijd: 7 uur 15 minuten | Porties: 4

Ingrediënten:

4 hardgekookte eieren
1 theelepel boter
7 ons spek, in plakjes
1 eetlepel Dijon-mosterd
4 ons mozzarellakaas, in plakjes
Zout en zwarte peper naar smaak

Adressen:

Zet een waterbad klaar en plaats de Sous Vide hierin. Zet op 140 F. Wrijf spek in met boter en peper. Leg op elk ei een plakje mozzarella en wikkel de eieren samen met de kaas in spek.

Bestrijk ze met mosterd en doe ze in een zak met ritssluiting. Laat de lucht ontsnappen door middel van waterverplaatsing, sluit af en dompel de zak onder in een waterbad. Zet de timer op 7 uur. Zodra de timer is gestopt, verwijdert u de zak en legt u deze op een bord. Heet opdienen.

Cherry Tomaat Eieren

Bereiding + kooktijd: 40 minuten | Porties: 6

Ingrediënten:

10 eieren

1 kop kerstomaatjes, gehalveerd

2 eetlepels zure room

1 eetlepel bieslook

½ kopje melk

½ theelepel nootmuskaat

1 theelepel boter

1 theelepel zout

Adressen:

Zet een waterbad klaar en plaats de Sous Vide hierin. Stel het in op 170 F.

Doe de kerstomaatjes in een grote vacuüm afsluitbare zak. Klop de eieren los met de rest van de ingrediënten en giet over de tomaten. Laat de lucht ontsnappen door middel van waterverplaatsing, sluit af en dompel de zak onder in een waterbad. Zet de timer op 30 minuten. Zodra dit is gebeurd, verwijdert u de zak en brengt u deze over op een bord.

Pastrami Scramble

Bereiding + kooktijd: 25 minuten | Porties: 3

Ingrediënten:

6 eieren

½ kopje pastrami

2 eetlepels slagroom

Zout en zwarte peper naar smaak

2 eetlepels gesmolten boter

3 sneetjes geroosterd brood

Adressen:

Zet een waterbad klaar en plaats de Sous Vide hierin. Zet op 167 F. Roer de boter, eieren, room en kruiden samen in een vacuüm afsluitbare zak. Laat de lucht ontsnappen door middel van waterverplaatsing, sluit af en dompel de zak onder in een waterbad. Zet de timer op 15 minuten. Zodra de timer is gestopt, verwijdert u de zak en brengt u de eieren over naar een bord. Serveer bovenop de toast.

Shakshuka-tomaat

Bereiding + kooktijd: 2 uur 10 minuten | Porties: 3

Ingrediënten:

28 ons geplette tomaten in blik

6 eieren

1 eetlepel paprikapoeder

2 fijngehakte teentjes knoflook

Zout en zwarte peper naar smaak

2 theelepels komijn

¼ kopje gehakte koriander

Adressen:

Zet een waterbad klaar en plaats de Sous Vide hierin. Instellen op 148 F. Plaats eieren in een vacuüm afsluitbare zak. Laat de lucht ontsnappen door middel van waterverplaatsing, sluit af en dompel de zak onder in een waterbad. Combineer de resterende ingrediënten in een andere vacuüm afsluitbare zak. Zet de timer op 2 uur.

Verdeel de tomatensaus over drie kommen. Zodra de timer is gestopt, verwijdert u de zak. Pel de eieren en doe er 2 in elke kom.

Spinazie Tortilla

Bereiding + kooktijd: 20 minuten | Porties: 2

Ingrediënten:

4 grote eieren, losgeklopt

¼ kopje Griekse yoghurt

¾ kopje verse spinazie, fijngehakt

1 eetlepel boter

¼ kopje geraspte cheddar kaas

¼ theelepel zout

Adressen:

Bereid een waterbad voor, plaats Sous Vide erin en pas aan tot 165 F. Klop de eieren in een middelgrote kom. Voeg yoghurt, zout en kaas toe. Doe het mengsel in een vacuüm afsluitbare zak en sluit deze af. Dompel de zak onder in het waterbad. Kook gedurende 10 minuten.

Smelt de boter in een koekenpan op middelhoog vuur. Spinazie toevoegen en 5 minuten koken. Opzij zetten. Zodra de timer is gestopt, verwijdert u de zak en brengt u de eieren over naar een serveerschaal. Bestrooi met spinazie en vouw de tortilla dicht.

Omelet van rucola en prosciutto

Bereiding + kooktijd: 25 minuten | Porties: 2

Ingrediënten:

4 dunne plakjes serranoham

5 grote eieren

¼ kopje verse rucola, fijngehakt

¼ kopje gesneden avocado

Zout en zwarte peper naar smaak

Adressen:

Bereid een waterbad voor, plaats Sous Vide erin en pas aan tot 167 F. Klop de eieren los met rucola, zout en peper. Breng over in een vacuüm afsluitbare zak. Druk op om lucht te verwijderen en sluit het deksel. Kook gedurende 15 minuten. Zodra de timer is gestopt, verwijdert u de zak, opent u de tortilla en brengt u deze over naar een serveerschaal en bedek met plakjes avocado en prosciutto.

Omelet van lente-ui en gember

Bereiding + kooktijd: 20 minuten | Porties: 2

Ingrediënten:

8 scharreleieren, losgeklopt

½ kopje bieslook

1 theelepel vers geraspte gember

1 eetlepel extra vergine olijfolie

Zout en zwarte peper naar smaak

Adressen:

Bereid een waterbad voor, plaats er Sous Vide in en pas aan tot 165 F.

Klop in een middelgrote kom de eieren, gember, zout en peper los. Breng het mengsel over in een vacuüm hersluitbare zak en sluit deze af. Dompel de zak onder in het waterbad. Kook gedurende 10 minuten.

Verhit de olie in een pan op middelhoog vuur. Kook de bieslook 2 minuten. Zodra de timer is gestopt, verwijdert u de zak, opent u de tortilla en legt u deze op een serveerschaal.

Snijd in dunne plakjes, bedek met uien en vouw tortilla om te serveren.

italiaanse kippenvingers

Bereiding + kooktijd: 2 uur 20 minuten | Porties: 3

Ingrediënten:

1 pond kipfilet, zonder bot en zonder vel

1 kopje amandelmeel

1 theelepel gehakte knoflook

1 theelepel zout

½ theelepel cayennepeper

2 theelepels gemengde Italiaanse kruiden

¼ theelepel zwarte peper

2 losgeklopte eieren

¼ kopje olijfolie

Adressen:

Spoel het vlees af onder koud stromend water en dep droog met keukenpapier. Breng op smaak met gemengde Italiaanse kruiden en doe in een grote vacuüm afsluitbare bak. Sluit de zak en kook in sous vide gedurende 2 uur op 167 F. Haal uit het waterbad en zet opzij.

Combineer nu de bloem, zout, cayennepeper, Italiaanse kruiden en cayennepeper in een kom en zet opzij. Klop in een aparte kom de eieren los en zet apart.

Verhit olijfolie in een grote koekenpan op middelhoog vuur. Doop de kip in het losgeklopte ei en bestrijk met het bloemmengsel. Bak 5 minuten aan elke kant of tot ze goudbruin zijn.

Kersen Kip Bites

Bereiding + kooktijd: 1 uur en 40 minuten | Porties: 3

Ingrediënten:

1 pond kipfilet, zonder bot en zonder vel, in kleine stukjes gesneden
1 kopje gehakte rode paprika
1 kopje groene paprika, gehakt
1 kopje hele cherrytomaatjes
1 kopje olijfolie
1 theelepel Italiaanse kruidenmix
1 theelepel cayennepeper
½ theelepel gedroogde oregano
Zout en zwarte peper naar smaak

Adressen:

Spoel het vlees af onder koud stromend water en dep droog met keukenpapier. Snijd in kleine stukjes en reserveer. Was de paprika's en snijd ze in stukjes. Was de cherrytomaatjes en verwijder de groene steeltjes. Opzij zetten.

Meng in een kom olijfolie met Italiaanse kruiden, cayennepeper, zout en peper.

Roer tot alles goed is opgenomen. Voeg vlees toe en bedek goed met marinade. Laat 30 minuten rusten om de smaken te laten versmelten en in het vlees te trekken.

Doe het vlees samen met de groenten in een grote vacuüm afsluitbare zak. Voeg drie eetlepels van de marinade toe en sluit de zak. Kook in sous vide gedurende 1 uur op 149 F.

Kaneel Dadelpruim Toast

Bereiding + kooktijd: 4 uur 10 minuten | Porties: 6

Ingrediënten:

4 sneetjes geroosterd brood

4 dadelpruimen, gehakt

3 lepels suiker

½ theelepel kaneel

2 eetlepels sinaasappelsap

½ theelepel vanille-extract

Adressen:

Zet een waterbad klaar en plaats de Sous Vide hierin. Stel het in op 155 F.

Doe de dadelpruimen in een vacuüm afsluitbare zak. Voeg sinaasappelsap, vanille-extract, suiker en kaneel toe. Sluit de zak en schud goed om de stukjes dadelpruim te bedekken. Laat de lucht ontsnappen door middel van waterverplaatsing, sluit af en dompel de zak onder in een waterbad. Zet de timer op 4 uur.

Zodra de timer is gestopt, verwijdert u de zak en brengt u de dadelpruimen over in een keukenmachine. Meng tot een gladde massa. Smeer het dadelpruimmengsel op geroosterd brood.

Gember Kippenvleugels

Bereiding + kooktijd: 2 uur 25 minuten | Porties: 4

Ingrediënten:

2 pond kippenvleugels

¼ kopje extra vergine olijfolie

4 knoflookteentjes

1 eetlepel fijngehakte rozemarijnblaadjes

1 theelepel witte peper

1 theelepel cayennepeper

1 eetlepel verse tijm, fijngehakt

1 eetlepel geraspte verse gember

¼ kopje limoensap

½ kopje appelazijn

Adressen:

Spoel de kippenvleugels af onder koud stromend water en laat ze uitlekken in een groot vergiet.

Meng in een grote kom de olijfolie met de knoflook, rozemarijn, witte peper, cayennepeper, tijm, gember, limoensap en appelazijn. Doop de vleugels in dit mengsel en dek af. Zet een uur in de koelkast.

Doe de vleugels samen met de marinade in een grote vacuüm afsluitbare zak. Verzegel de zak en kook sous vide gedurende 1 uur en 15 minuten op 149 F. Haal uit de vacuüm afsluitbare zak en bruin voor het opdienen. Serveer en geniet!

Vlees empanadas

Bereiding + kooktijd: 1 uur 55 minuten | Porties: 4

Ingrediënten:

1 pond mager rundergehakt
1 ei
2 eetlepels fijngehakte amandelen
2 eetlepels amandelmeel
1 kopje fijngehakte uien
2 geperste knoflookteentjes
¼ kopje olijfolie
Zout en zwarte peper naar smaak
¼ kopje peterselieblaadjes, fijngehakt

Adressen:

Meng in een kom rundergehakt met fijngehakte ui, knoflook, olie, zout, peper, peterselie en amandelen. Meng goed met een vork en voeg beetje bij beetje amandelmeel toe.

Klop een ei los en zet 40 minuten in de koelkast. Haal het vlees uit de koelkast en vorm het voorzichtig tot pasteitjes van 2,5 cm dik met een diameter van ongeveer 10 cm. Plaats in twee afzonderlijke vacuüm afsluitbare zakken en kook op sous vide gedurende een uur op 129 F.

gevulde boerenkool

Bereiding + kooktijd: 65 minuten | Porties: 3

Ingrediënten:

1 pond gestoomde kool
1 pond mager rundergehakt
1 kleine ui fijngehakt
1 eetlepel olijfolie
Zout en zwarte peper naar smaak
1 theelepel verse munt, fijngehakt

Adressen:

Breng een grote pan water aan de kook en voeg de groenten toe. Kook kort, gedurende 2-3 minuten. Giet de groenten af en pers ze voorzichtig uit en bewaar ze.

Meng in een grote kom gehakt, ui, olie, zout, peper en munt. Roer goed tot het is opgenomen. Leg de blaadjes op je werkvlak, met de nerven naar boven. Gebruik een eetlepel van het vleesmengsel en leg dit in het midden onderaan elk vel. Vouw de zijkanten naar binnen en rol goed op. Vouw de zijkanten naar binnen en doe ze voorzichtig in een grote vacuüm afsluitbare zak. Sluit de zak en kook op sous vide gedurende 45 minuten op 167 F.

Kruiden Italiaanse Worst Pannini

Bereiding + kooktijd: 3 uur 15 minuten | Porties: 4

Ingrediënten

1 pond Italiaanse worst

1 rode paprika in plakjes gesneden

1 gele paprika, in plakjes

1 gesneden ui

1 fijngehakt teentje knoflook

1 kopje tomatensap

1 theelepel gedroogde oregano

1 theelepel gedroogde basilicum

1 theelepel olijfolie

Zout en zwarte peper naar smaak

4 sneetjes brood

Adressen

Zet een waterbad klaar en plaats de Sous Vide hierin. Stel het in op 138 F.

Doe de worstjes in een vacuüm afsluitbare zak. Voeg de knoflook, basilicum, ui, paprika, tomatensap en oregano toe aan elke zak. Laat lucht ontsnappen door middel van waterverplaatsing, verzegel en dompel de zakken onder in een waterbad. 3 uur koken.

Zodra de timer is gestopt, verwijder je de worstjes en doe je ze in een hete koekenpan. Bak ze 1 minuut aan elke kant. Opzij zetten. Voeg de overige ingrediënten toe aan de pan, breng op smaak met zout en peper. Kook tot het water is verdampt. Serveer de worstjes en de rest van de ingrediënten tussen het brood.

Artisjokken met citroen en knoflook

Bereiding + kooktijd: 2 uur 15 minuten | Porties: 5

Ingrediënten:

3 artisjokken

Sap van 3 citroenen

1 eetlepel mosterd

5 teentjes knoflook, fijngehakt

1 eetlepel gehakte groene ui

4 eetlepels olijfolie

Adressen:

Zet een waterbad klaar en plaats de Sous Vide hierin. Breng tot 195 F. Was en scheid de artisjokken. Plaats in een plastic container. Voeg de resterende ingrediënten toe en schud om goed te coaten. Doe het hele mengsel in een plastic zak. Verzegel en dompel de zak onder in een waterbad. Zet de timer op 2 uur.

Zodra de timer is gestopt, verwijdert u de zak en grilt u één minuut per kant.

Panko dooierkroketten

Bereiding + kooktijd: 60 minuten | Porties: 5

Ingrediënten:

2 eieren plus 5 dooiers
1 kop panko paneermeel
3 eetlepels olijfolie
5 eetlepels meel
¼ theelepel Italiaanse kruiden
½ theelepel zout
¼ theelepel paprikapoeder

Adressen:

Zet een waterbad klaar en plaats de Sous Vide hierin. Breng tot 150 F. Plaats de dooier in het water (geen zak of glas) en kook gedurende 45 minuten, halverwege omdraaien. Laat iets afkoelen. Klop de eieren los met de andere ingrediënten, behalve de olie. Doop de dooiers in het panko-eimengsel.

Verhit de olie in een koekenpan. Bak de dooiers een paar minuten aan elke kant tot ze goudbruin zijn.

chili-hummus

Bereiding + kooktijd: 4 uur 15 minuten | Porties: 9)

Ingrediënten:

16 ons kikkererwten, een nacht geweekt en uitgelekt
2 fijngehakte teentjes knoflook
1 theelepel sriracha
¼ theelepel chilipoeder
½ theelepel chilivlokken
½ kopje olijfolie
1 eetlepel zout
6 kopjes water

Adressen:

Zet een waterbad klaar en plaats de Sous Vide hierin. Breng tot 195 F. Doe kikkererwten en water in een plastic zak. Laat de lucht ontsnappen door middel van waterverplaatsing, sluit af en dompel de zak onder in een waterbad. Zet de timer op 4 uur.

Zodra de timer is gestopt, verwijdert u de zak, laat u het water weglopen en brengt u de kikkererwten over in een keukenmachine. Voeg de resterende ingrediënten toe. Meng tot een gladde massa.

mosterd drumsticks

Bereiding + kooktijd: 1 uur | Porties: 5

Ingrediënten:

2 pond kippendijen

¼ kopje Dijon-mosterd

2 geperste knoflookteentjes

2 eetlepels kokosamino's

1 theelepel roze Himalayazout

½ theelepel zwarte peper

Adressen:

Spoel de drumsticks af onder koud stromend water. Giet af in een groot vergiet en bewaar.

Combineer Dijon in een kleine kom met geplette knoflook, kokosamino's, zout en peper. Verdeel het mengsel met een keukenborstel over het vlees en doe het in een grote vacuüm afsluitbare zak. Sluit de zak en kook op sous vide gedurende 45 minuten op 167 F.

Auberginerondjes met pistachenoten

Bereiding + kooktijd: 8 uur 10 minuten | Porties: 8

Ingrediënten:

3 in plakjes gesneden aubergines

¼ kopje geplette pistachenoten

1 eetlepel miso

1 eetlepel mirin

2 theelepels olijfolie

1 theelepel bieslook

Zout en zwarte peper naar smaak

Adressen:

Zet een waterbad klaar en plaats de Sous Vide hierin. Stel het in op 185 F.

Klop de olie, mirin, bieslook, miso en peper door elkaar. Bestrijk de plakken aubergine met dit mengsel. Doe in een enkele laag vacuüm afsluitbare zak en bedek met pistachenoten. Herhaal het proces totdat je alle ingrediënten hebt gebruikt. Laat de lucht ontsnappen door middel van waterverplaatsing, sluit af en dompel de zak onder in een waterbad. Zet de timer op 8 uur. Zodra de timer is gestopt, verwijdert u de zak en het bord.

dip van groene erwten

Bereiding + kooktijd: 45 minuten | Porties: 8

Ingrediënten:

2 kopjes groene erwten

3 eetlepels slagroom

1 eetlepel dragon

1 teentje knoflook

1 theelepel olijfolie

Zout en zwarte peper naar smaak

¼ kopje gehakte appel

Adressen:

Zet een waterbad klaar en plaats de Sous Vide hierin. Breng tot 185 F. Doe alle ingrediënten in een vacuüm afsluitbare zak. Laat de lucht ontsnappen door middel van waterverplaatsing, sluit af en dompel de zak onder in een waterbad. Stel de timer in op 32 minuten. Zodra de timer is gestopt, verwijdert u de zak en mixt u met een handmixer tot een gladde massa.

Franse frietjes

Bereidingstijd + koken: 45 | Porties: 6

Ingrediënten:

3 pond aardappelen, in plakjes
5 kopjes water
Zout en zwarte peper naar smaak
¼ theelepel natriumbicarbonaat

Adressen:

Zet een waterbad klaar en plaats de Sous Vide hierin. Ingesteld op 195F.

Doe de aardappelpartjes, water, zout en zuiveringszout in een vacuüm afsluitbare zak. Laat de lucht ontsnappen door middel van waterverplaatsing, sluit af en dompel de zak onder in een waterbad. Zet de timer op 25 minuten.

Verhit ondertussen de olie in een steelpan op middelhoog vuur. Zodra de timer is gestopt, haalt u de aardappelschijfjes uit de pekel en dep ze droog. Bak een paar minuten in de olie tot ze goudbruin zijn.

kalkoensalade met komkommer

Bereiding + kooktijd: 2 uur 20 minuten | Porties: 3

Ingrediënten:

1 pond kalkoenborsten, in plakjes
½ kopje kippenbouillon
2 fijngehakte teentjes knoflook
2 eetlepels olijfolie
1 theelepel zout
¼ theelepel cayennepeper
2 laurierblaadjes
1 middelgrote tomaat in stukjes
1 grote rode paprika, fijngesneden
1 middelgrote komkommer
½ theelepel Italiaanse kruiden

Adressen:

Kruid de kalkoen met zout en cayennepeper. Doe in een vacuumsealer samen met de kippenbouillon, knoflook en laurierblaadjes. Verzegel de zak en kook op Sous Vide gedurende 2 uur op 167 F. Verwijder en zet opzij. Doe de groenten in een grote kom en voeg de kalkoen toe. Meng met

Italiaanse kruiden en olijfolie. Meng goed om te combineren en serveer onmiddellijk.

gember ballen

Bereiding + kooktijd: 1 uur 30 minuten | Porties: 3

Ingrediënten:

1 pond rundergehakt

1 kopje fijngehakte uien

3 eetlepels olijfolie

¼ kopje verse koriander, fijngehakt

¼ kopje verse munt, fijngehakt

2 theelepels gemberpasta

1 theelepel cayennepeper

2 theelepels zout

Adressen:

Meng in een grote kom rundergehakt, uien, olijfolie, koriander, munt, koriander, gemberpasta, cayennepeper en zout. Vorm de hamburgers en zet ze 15 minuten in de koelkast. Haal uit de koelkast en doe in aparte vacuüm afsluitbare zakken. Kook in Sous Vide gedurende 1 uur op 154 F.

kabeljauw bijtballen

Bereiding + kooktijd: 105 minuten | Porties: 5

Ingrediënten:

12 ons gehakte kabeljauw

2 ons brood

1 eetlepel boter

¼ kopje bloem

1 eetlepel griesmeel

2 eetlepels water

1 eetlepel gehakte knoflook

Zout en zwarte peper naar smaak

¼ theelepel paprikapoeder

Adressen:

Zet een waterbad klaar en plaats de Sous Vide hierin. Stel in op 125F.

Combineer het brood en water en meng het mengsel. Voeg de resterende ingrediënten toe en meng goed om te combineren. Maak balletjes van het mengsel.

Spray een koekenpan in met bakspray en bak de bite balls op middelhoog vuur ongeveer 15 seconden per kant, tot ze licht geroosterd zijn. Doe de kabeljauwhapjes in een vacuüm afsluitbare zak. Laat de lucht ontsnappen door middel van waterverplaatsing, sluit af en dompel de zak onder in een waterbad. Stel de timer in op 1 uur en 30 minuten. Als de timer is gestopt, haal je de zak eruit en serveer je de kabeljauwhapjes. Bijwonen.

Geglazuurde Babywortelen

Bereidingstijd + koken: 3 uur 10 minuten | Porties: 4

Ingrediënten:

1 kopje babywortelen
4 eetlepels bruine suiker
1 kopje gehakte sjalot
1 eetlepel boter
Zout en zwarte peper naar smaak
1 eetlepel dille

Adressen:

Zet een waterbad klaar en plaats er Sous Vide in. Breng tot 165 F. Doe alle ingrediënten in een vacuüm afsluitbare zak. Schud om te bedekken. Laat lucht ontsnappen door middel van waterverplaatsing, sluit af en dompel onder in een waterbad. Zet de timer op 3 uur. Zodra de timer is gestopt, verwijdert u de zak. Heet opdienen.

hete kippenvleugels

Bereiding + kooktijd: 4 uur 15 minuten | Porties: 4

Ingrediënten:

2 pond kippenvleugels
½ stokje gesmolten boter
¼ kopje roodgloeiende saus
½ theelepel zout

Adressen:

Zet een waterbad klaar en plaats er Sous Vide in. Zet op 170 F. Kruid de kip met zout en doe deze in 2 vacuüm afsluitbare zakken. Laat lucht ontsnappen door middel van waterverplaatsing, sluit af en dompel onder in bad. 4 uur koken. Zodra dit is gebeurd, verwijdert u de zakken. Klop de saus en boter. Meng de vleugels met het mengsel.

Bacon en uienmuffins

Bereiding + kooktijd: 3 uur 45 minuten | Porties: 5

Ingrediënten:

1 gesnipperde ui

6 ons spek, gehakt

1 kopje meel

4 eetlepels gesmolten boter

1 ei

1 theelepel zuiveringszout

1 eetlepel azijn

¼ theelepel zout

Adressen:

Zet een waterbad klaar en plaats de Sous Vide hierin. Gevestigd op 196 F.

Bak ondertussen in een koekenpan op middelhoog vuur het spek knapperig. Doe in een kom en voeg de ui toe aan het spekvet en bak een paar minuten tot ze zacht zijn.

Doe over in een kom en voeg de overige ingrediënten toe. Verdeel het muffinbeslag over 5 kleine potjes. Vul zeker niet meer dan de helft. Plaats de potten in een waterbad en stel de timer in op 3 uur en 30 minuten. Zodra de timer is gestopt, verwijdert u de potten en serveert u.

Mosselen in witte wijn

Bereiding + kooktijd: 1 uur 20 minuten | Porties: 3

Ingrediënten:

1 pond verse mosselen

3 eetlepels extra vergine olijfolie

1 kopje fijngehakte uien

¼ kopje verse peterselie, fijngehakt

3 eetlepels gehakte verse tijm

1 eetlepel citroenschil

1 kopje droge witte wijn

Adressen:

Verhit de olie in een middelgrote koekenpan. Voeg de uien toe en bak tot ze glazig zijn. Voeg de citroenrasp, peterselie en tijm toe. Roer goed en doe in een vacuüm afsluitbare zak. Voeg de mosselen en een kopje droge witte wijn toe. Sluit de zak en kook op Sous Vide gedurende 40 minuten op 104 F.

Tamari maïskolven

Bereiding + kooktijd: 3 uur 15 minuten | Porties: 8

Ingrediënten:

1 pond maïskolven

1 eetlepel boter

¼ kopje tamarisaus

2 eetlepels misopasta

1 theelepel zout

Adressen:

Zet een waterbad klaar en plaats de Sous Vide hierin. Stel het in op 185 F.

Klop de tamari, boter, miso en zout door elkaar. Doe de mais in een plastic zak en giet het mengsel erover. Schud om te bedekken. Laat de lucht ontsnappen door middel van waterverplaatsing, sluit af en dompel de zak onder in een waterbad. Zet de timer op 3 uur. Zodra de timer is gestopt, verwijdert u de zak. Heet opdienen.

Coquilles Met Bacon

Bereiding + kooktijd: 50 minuten | Porties: 6

Ingrediënten:

10 ons sint-jakobsschelpen

3 ons spek, in plakjes

½ geraspte ui

½ theelepel witte peper

1 eetlepel olijfolie

Adressen:

Zet een waterbad klaar en plaats de Sous Vide hierin. Stel het in op 140 F.

Bestrooi de sint-jakobsschelpen met de geraspte ui en omwikkel met plakjes ontbijtspek. Bestrooi met witte peper en besprenkel met olie. Plaats in een plastic zak. Laat de lucht ontsnappen door middel van waterverplaatsing, sluit af en dompel de zak onder in een waterbad. Zet de timer op 35 minuten. Zodra de timer is gestopt, verwijdert u de zak. Bijwonen.

garnalen voorgerecht

Bereiding + kooktijd: 75 minuten | Porties: 8

Ingrediënten:

1 pond garnalen

3 eetlepels sesamolie

3 eetlepels citroensap

½ kopje peterselie

Zout en witte peper naar smaak

Adressen:

Zet een waterbad klaar en plaats de Sous Vide hierin. Stel het in op 140 F.

Doe alle ingrediënten in een vacuüm afsluitbare zak. Schud om de garnalen goed te bedekken. Laat de lucht ontsnappen door middel van waterverplaatsing, sluit af en dompel de zak onder in een waterbad. Zet de timer op 1 uur. Zodra de timer is gestopt, verwijdert u de zak. Heet opdienen.

Crème van kippenlever

Bereiding + kooktijd: 5 uur 15 minuten | Porties: 8

Ingrediënten:

1 pond kippenlever

6 eieren

8 ons spek, gehakt

2 eetlepels sojasaus

3 ons fijngehakte sjalot

3 eetlepels azijn

Zout en zwarte peper naar smaak

4 eetlepels boter

½ theelepel paprikapoeder

Adressen:

Zet een waterbad klaar en plaats de Sous Vide hierin. Stel het in op 156 F.

Bak het spek in een koekenpan op middelhoog vuur, voeg de sjalotten toe en bak 3 minuten. Voeg de sojasaus en azijn toe. Breng over naar een blender samen met de resterende ingrediënten. Meng tot een gladde massa. Doe alle ingrediënten in een glazen pot en sluit af. 5 uur koken. Zodra de timer is gestopt, verwijdert u de pot en serveert u.

pompoengroenten met gember

Bereiding + kooktijd: 70 minuten | Porties: 8

Ingrediënten:

14 ons flespompoen
1 eetlepel geraspte gember
1 theelepel gesmolten boter
1 theelepel citroensap
Zout en zwarte peper naar smaak
¼ theelepel kurkuma

Adressen:

Zet een waterbad klaar en plaats de Sous Vide hierin. Stel het in op 185 F.

Schil en snijd de pompoen in plakjes. Doe alle ingrediënten in een vacuüm afsluitbare zak. Schud om goed te coaten. Laat de lucht ontsnappen door middel van waterverplaatsing, sluit af en dompel de zak onder in een waterbad. Zet de timer op 55 minuten. Zodra de timer is gestopt, verwijdert u de zak. Heet opdienen.

kreeft staarten

Bereiding + kooktijd: 50 minuten | Porties: 6

Ingrediënten:

1 pond kreeftenstaarten, gegranuleerd

½ citroen

½ theelepel knoflookpoeder

¼ theelepel uienpoeder

1 eetlepel rozemarijn

1 theelepel olijfolie

Adressen:

Zet een waterbad klaar en plaats de Sous Vide hierin. Stel het in op 140 F.

Breng de kreeft op smaak met knoflook- en uienpoeder. Doe in een vacuüm afsluitbare zak. Voeg de rest van de ingrediënten toe en schud om te coaten. Laat de lucht ontsnappen door middel van waterverplaatsing, sluit af en dompel de zak onder in een waterbad. Zet de timer op 40 minuten. Zodra de timer is gestopt, verwijdert u de zak. Heet opdienen.

BBQ-tofu

Bereiding + kooktijd: 2 uur 15 minuten | Porties: 8

Ingrediënten:

15 ons tofu

3 eetlepels barbecuesaus

2 eetlepels tamarisaus

1 theelepel uienpoeder

1 theelepel zout

Adressen:

Zet een waterbad klaar en plaats de Sous Vide hierin. Stel het in op 180 F.

Snijd de tofu in blokjes. Stop het in een plastic zak. Laat de lucht ontsnappen door middel van waterverplaatsing, sluit af en dompel de zak onder in een waterbad. Zet de timer op 2 uur.

Zodra de timer is gestopt, verwijdert u de zak en brengt u deze over in een kom. Voeg de resterende ingrediënten toe en roer om te combineren.

smakelijke wentelteefjes

Bereiding + kooktijd: 100 minuten | Porties: 2

Ingrediënten:

2 eieren

4 sneetjes brood

½ kopje melk

½ theelepel kaneel

1 eetlepel gesmolten boter

Adressen:

Zet een waterbad klaar en plaats de Sous Vide hierin. Stel in op 150F.

Klop de eieren, melk, boter en kaneel los. Doe de sneetjes brood in een vacuüm afsluitbare zak en giet het eimengsel erin. Schud om goed te coaten. Laat de lucht ontsnappen door middel van waterverplaatsing, sluit af en dompel de zak onder in een waterbad. Stel de timer in op 1 uur en 25 minuten. Zodra de timer is gestopt, verwijdert u de zak. Heet opdienen.

zoete en pittige eend

Bereiding + kooktijd: 70 minuten | Porties: 4

Ingrediënten:

1 pond eendenborst

1 theelepel tijm

1 theelepel oregano

2 eetlepels honing

½ theelepel chilipoeder

½ theelepel paprikapoeder

1 theelepel knoflookzout

1 eetlepel sesamolie

Adressen:

Zet een waterbad klaar en plaats de Sous Vide hierin. Ingesteld op 158F.

Meng honing, olie, specerijen en kruiden. Bestrijk de eend met het mengsel en doe hem in een vacuüm afsluitbare zak. Laat de lucht ontsnappen door middel van waterverplaatsing, sluit af en dompel de zak onder in een waterbad. Zet de timer op 60 minuten.

Zodra de timer is gestopt, verwijdert u de zak en snijdt u de eendenborst in. Heet opdienen.

Sous Vide Ingemaakte Rabarber

Bereiding + kooktijd: 40 minuten | Porties: 8

Ingrediënten:

2 pond rabarber, in plakjes

7 eetlepels appelazijn

1 eetlepel bruine suiker

¼ stengel bleekselderij, gehakt

¼ theelepel zout

Adressen:

Zet een waterbad klaar en plaats de Sous Vide hierin. Breng tot 180 F. Doe alle ingrediënten in een vacuüm afsluitbare zak. Schud om goed te coaten. Laat lucht ontsnappen met behulp van de waterverplaatsingsmethode, verzegel en dompel de zak onder in een waterbad, kook gedurende 25 minuten. Zodra de timer is gestopt, verwijdert u de zak. Heet opdienen.

kalkoen gehaktballen

Bereiding + kooktijd: 2 uur 10 minuten | Porties: 4

Ingrediënten:

12 ons gemalen kalkoen

2 theelepels tomatensaus

1 ei

1 theelepel koriander

1 eetlepel boter

Zout en zwarte peper naar smaak

1 eetlepel paneermeel

½ theelepel tijm

Adressen:

Zet een waterbad klaar en plaats de Sous Vide hierin. Stel het in op 142 F.

Combineer alle ingrediënten in een kom. Vorm gehaktballetjes met het mengsel. Doe in een vacuüm afsluitbare zak. Laat de lucht ontsnappen door middel van waterverplaatsing, sluit af en dompel de zak onder in een waterbad. Zet de timer op 2 uur. Zodra de timer is gestopt, verwijdert u de zak. Heet opdienen.

Zoete Dijen Met Zongedroogde Tomaten

Bereiding + kooktijd: 75 minuten | Porties: 7)

Ingrediënten:

2 pond kippendijen

3 ons zongedroogde tomaten, gehakt

1 gesnipperde gele ui

1 theelepel rozemarijn

1 lepel suiker

2 eetlepels olijfolie

1 losgeklopt ei

Adressen:

Zet een waterbad klaar en plaats de Sous Vide hierin. Stel het in op 149 F.

Combineer alle ingrediënten in een vacuümzak en schud om goed te coaten. Laat de lucht ontsnappen door middel van waterverplaatsing, sluit af en dompel de zak onder in een waterbad. Stel de timer in op 63 minuten. Zodra de timer is gestopt, verwijdert u de zak en serveert u zoals gewenst.

Kip Marinade

Bereiding + kooktijd: 4 uur 25 minuten | Porties: 6

Ingrediënten:

2 pond kippendijen
3 eetlepels peperkorrels
1 kop kippenbouillon
½ kopje sojasaus
2 eetlepels azijn
1 eetlepel knoflookpoeder

Adressen:

Zet een waterbad klaar en plaats de Sous Vide hierin. Stel het in op 155 F.

Doe kip, sojasaus en knoflookpoeder in een vacuüm afsluitbare zak. Laat de lucht ontsnappen door middel van waterverplaatsing, sluit af en dompel de zak onder in een waterbad. Zet de timer op 4 uur. Zodra de timer is gestopt, verwijdert u de zak en plaatst u deze in een pan. Voeg de resterende ingrediënten toe. Kook nog 15 minuten.

Fruitige Chorizo "Eat Me"

Bereiding + kooktijd: 75 minuten | Porties: 4

Ingrediënten

2½ kopjes witte pitloze druiven, stelen verwijderd

1 eetlepel gehakte verse rozemarijn

2 boterlepels

4 chorizoworstjes

2 eetlepels balsamicoazijn

Zout en zwarte peper naar smaak

Adressen

Zet een waterbad klaar en plaats de Sous Vide hierin. Zet op 165 F. Doe de boter, witte druiven, rozemarijn en chorizo in een vacuüm afsluitbare zak. goed schudden Laat de lucht ontsnappen door middel van waterverplaatsing, sluit af en dompel de zak onder in een waterbad. Kook gedurende 60 minuten.

Zodra de timer is gestopt, schep je het chorizomengsel op een bord. Giet het kookvocht samen met de druiven en de balsamicoazijn in een hete pan. Roer gedurende 3 minuten. Bestrijk de chorizo met druivensaus.

Kip en Champignons in Marsalasaus

Bereiding + kooktijd: 2 uur 25 minuten | Porties: 2

Ingrediënten:

2 kipfilets, zonder bot en zonder vel

1 kopje Marsala-wijn

1 kop kippenbouillon

14 ons champignons, in plakjes

½ eetlepel meel

1 eetlepel boter

Zout en zwarte peper naar smaak

2 fijngehakte teentjes knoflook

1 sjalot gesnipperd

Adressen:

Zet een waterbad klaar en plaats de Sous Vide hierin. Zet op 140 F. Kruid de kip met zout en peper en doe deze samen met de champignons in een vacuüm afsluitbare zak. Laat lucht ontsnappen door middel van waterverplaatsing, sluit af en dompel onder in een waterbad. Kook gedurende 2 uur.

Zodra de timer is gestopt, verwijdert u de zak. Smelt de boter in een koekenpan op middelhoog vuur, voeg de bloem en de rest van de ingrediënten toe. Kook tot de saus dikker wordt. Voeg kip toe en bak 1 minuut.

Whiskey Vanille Abrikozen

Bereiding + kooktijd: 45 minuten | Porties: 4

Ingrediënten

2 abrikozen, ontpit en in vieren gesneden
½ kopje rogge whisky
½ kopje ultrafijne suiker
1 theelepel vanille-extract
Zout naar smaak

Adressen

Zet een waterbad klaar en plaats er Sous Vide in. Breng tot 182 F. Doe alle ingrediënten in een vacuüm afsluitbare zak. Laat lucht ontsnappen door middel van waterverplaatsing, sluit af en dompel onder in een waterbad. Kook gedurende 30 minuten. Zodra de timer is gestopt, verwijdert u de zak en brengt u deze over in een ijsbad.

makkelijk gekruide hummus

Bereiding + kooktijd: 3 uur 35 minuten | Porties: 6

Ingrediënten

1½ kopje gedroogde kikkererwten, een nacht geweekt

2 liter water

¼ kopje citroensap

¼ kopje tahinpasta

2 fijngehakte teentjes knoflook

2 eetlepels olijfolie

½ theelepel karwijzaad

½ theelepel zout

1 theelepel cayennepeper

Adressen

Zet een waterbad klaar en plaats de Sous Vide hierin. Gevestigd op 196 F.

Zeef de kikkererwten en doe ze in een vacuüm afsluitbare zak met 1 liter water. Laat de lucht ontsnappen door middel van waterverplaatsing, sluit af en dompel de zak onder in een waterbad. 3 uur koken. Zodra de timer is gestopt, verwijdert u de zak en brengt u deze over naar een ijswaterbad en laat u afkoelen.

Meng in een blender het citroensap en de tahinpasta gedurende 90 seconden. Voeg knoflook, olijfolie, karwijzaad en zout toe en mix 30 seconden tot een gladde massa. Verwijder de kikkererwten en laat uitlekken. Schil de kikkererwten voor een gladdere hummus.

Meng in een keukenmachine de helft van de kikkererwten met het tahinimengsel en mix gedurende 90 seconden. Voeg de resterende kikkererwten toe en mix tot een gladde massa. Schep het mengsel op een bord en garneer met cayennepeper en de achtergehouden kikkererwten.

Kafferlimoen drumsticks

Bereiding + kooktijd: 80 minuten | Porties: 7)

Ingrediënten:

16 ons kippendijen
2 eetlepels korianderblaadjes
1 theelepel gedroogde munt
1 theelepel tijm
Zout en witte peper naar smaak
1 eetlepel olijfolie
1 eetlepel gehakte kaffirlimoenblaadjes

Adressen:

Zet een waterbad klaar en plaats de Sous Vide hierin. Instellen op 153 F. Doe alle ingrediënten in een vacuüm afsluitbare zak. Masseer om de kip goed te bedekken. Laat de lucht ontsnappen door middel van waterverplaatsing, sluit af en dompel de zak onder in een waterbad. Zet de timer op 70 minuten. Zodra dit is gebeurd, verwijdert u de zak. Heet opdienen.

Melkachtige aardappelpuree met rozemarijn

Bereiding + kooktijd: 1 uur 45 minuten | Porties: 4

Ingrediënten

2 pond rode aardappelen

5 teentjes knoflook

8 ons boter

1 kopje volle melk

3 takjes rozemarijn

Zout en witte peper naar smaak

Adressen

Zet een waterbad klaar en plaats de Sous Vide hierin. Zet op 193 F. Was aardappelen, schil en snijd ze in plakjes. Neem de knoflook, pel en plet ze. Combineer aardappelen, knoflook, boter, 2 eetlepels zout en rozemarijn. Doe in een vacuüm afsluitbare zak. Laat de lucht ontsnappen door middel van waterverplaatsing, sluit af en dompel de zak onder in een waterbad. Kook gedurende 1 uur en 30 minuten.

Zodra de timer is gestopt, verwijdert u de zak en doet u deze in een kom en pureert u ze samen. Roer de gemengde boter en melk erdoor. Kruid met peper en zout. Werk af met rozemarijn en serveer.

Zoete tofu spiesjes met groenten

Bereiding + kooktijd: 65 minuten | Porties: 8)

Ingrediënten

1 courgette, in plakjes
1 in plakjes gesneden aubergine
1 fijngesneden gele paprika
1 rode paprika fijngesneden
1 fijngehakte groene paprika
16 ons kaas tofu
¼ kopje olijfolie
1 theelepel honing
Zout en zwarte peper naar smaak

Adressen

Zet een waterbad klaar en plaats de Sous Vide hierin. Stel het in op 186 F.

Doe de courgette en aubergine in een vacuüm afsluitbare zak. Doe de stukjes paprika in een vacuüm afsluitbare zak. Laat lucht ontsnappen door middel van waterverplaatsing, verzegel en dompel de zakken onder in een waterbad. Kook gedurende 45 minuten. Verhit na 10 minuten een koekenpan op middelhoog vuur.

Zeef de tofu en droog. Snijd in blokjes. Bestrijk ze met olijfolie en doe ze in de koekenpan en schroei aan elke kant goudbruin. Doe over in een kom, giet de honing erbij en dek af. Laten afkoelen. Zodra de timer is gestopt, verwijdert u de zakken en brengt u de hele inhoud over in een container. Kruid met peper en zout. Gooi kookvocht weg. Schik groenten en tofu, afwisselend, op spiesjes.

Dijon Kipfilet

Bereiding + kooktijd: 65 minuten | Porties: 4

Ingrediënten:

1 pond kipfilets

3 eetlepels Dijon-mosterd

2 geraspte uien

2 eetlepels maizena

½ kopje melk

1 eetlepel citroenschil

1 theelepel tijm

1 theelepel oregano

Knoflookzout en zwarte peper naar smaak

1 eetlepel olijfolie

Adressen:

Zet een waterbad klaar en plaats de Sous Vide hierin. Zet op 146 F. Klop alle ingrediënten samen en doe ze in een vacuüm afsluitbare zak. Laat de lucht ontsnappen door middel van waterverplaatsing, sluit af en dompel de zak onder in een waterbad. Zet de timer op 45 minuten. Zodra de timer is gestopt, verwijdert u de zak en brengt u deze over in een pan en kookt u gedurende 10 minuten op middelhoog vuur.

Paprika Gevuld Met Wortelen En Walnoten

Bereiding + kooktijd: 2 uur 35 minuten | Porties: 5

Ingrediënten

4 sjalotten, gesnipperd

4 gesneden wortelen

4 teentjes knoflook, fijngehakt

1 kopje rauwe cashewnoten, geweekt en uitgelekt

1 kopje walnoten, geweekt en uitgelekt

1 eetlepel balsamicoazijn

1 eetlepel sojasaus

1 eetlepel gemalen komijn

2 theelepels paprikapoeder

1 theelepel knoflookpoeder

1 snufje cayennepeper

4 takjes verse tijm

Zest van 1 citroen

4 paprika's, in plakjes en zonder zaadjes

Adressen

Zet een waterbad klaar en plaats de Sous Vide hierin. Stel het in op 186 F.

Combineer wortelen, knoflook, sjalotten, cashewnoten, walnoten, balsamicoazijn, sojasaus, komijn, paprika, knoflookpoeder, cayennepeper, tijm en citroenschil in een blender. Meng tot ca.

Giet het mengsel in de paprikaschillen en doe ze in een vacuüm afsluitbare zak. Laat de lucht ontsnappen door middel van waterverplaatsing, sluit af en dompel de zak onder in een waterbad. Kook gedurende 1 uur en 15 minuten. Zodra de timer is gestopt, verwijder je de paprika's en leg je ze op een bord.

Oranje eend met paprika en tijm

Bereidingstijd + koken: 15 uur 10 minuten | Porties: 4

Ingrediënten:

16 ons eendendijen
1 theelepel sinaasappelschil
2 eetlepels kaffirblaadjes
1 theelepel zout
1 theelepel suiker
1 eetlepel sinaasappelsap
2 theelepels sesamolie
½ theelepel paprikapoeder
½ theelepel tijm

Adressen:

Zet een waterbad klaar en plaats de Sous Vide hierin. Breng tot 160 F. Giet alle ingrediënten in een vacuüm afsluitbare zak. Masseer om goed te combineren. Laat de lucht ontsnappen door middel van waterverplaatsing, sluit af en dompel de zak onder in een waterbad. Zet de timer op 15 uur.

Zodra de timer is gestopt, verwijdert u de zak. Heet opdienen.

Met spek omwikkelde kalkoenpoot

Bereiding + kooktijd: 6 uur 15 minuten | Porties: 5

Ingrediënten:

14 ons kalkoenpoot
5 ons spek, in plakjes
½ theelepel chilivlokken
2 theelepels olijfolie
1 eetlepel zure room
½ theelepel oregano
½ theelepel paprikapoeder
¼ citroen, in plakjes

Adressen:

Zet een waterbad klaar en plaats de Sous Vide hierin. Stel het in op 160 F.

Meng de kruiden en specerijen met de zure room in een kom en bestrijk de kalkoen met een kwastje. Wikkel in spek en besprenkel met olijfolie. Doe samen met de citroen in een vacuüm afsluitbare zak. Laat de lucht ontsnappen door middel van waterverplaatsing, sluit af en dompel de zak onder in een waterbad. Zet de timer op 6 uur. Zodra de timer is gestopt, verwijdert u de zak en snijdt u deze. Heet opdienen.

Mix van asperges en dragon

Bereiding + kooktijd: 25 minuten | Porties: 3

Ingrediënten:

1 ½ pond middelgrote asperges

5 eetlepels boter

2 eetlepels citroensap

½ theelepel citroenschil

1 eetlepel gesneden bieslook

1 eetlepel gehakte peterselie

1 eetlepel + 1 eetlepel gehakte verse dille

1 eetlepel + 1 eetlepel dragon, gehakt

Adressen:

Maak een waterbad, plaats de Sous Vide erin en pas aan tot 183 F. Snijd en gooi de strakke onderkanten van de asperges weg. Doe de asperges in een vacuüm afsluitbare zak.

Laat lucht ontsnappen door middel van waterverplaatsing, sluit af en dompel onder in een waterbad en stel de timer in op 10 minuten.

Zodra de timer is gestopt, verwijdert u de zak en opent u deze. Zet een koekenpan op laag vuur, voeg de boter en de gestoomde asperges toe. Kruid met peper en zout en roer continu. Voeg het sap en de citroenschil toe en kook 2 minuten.

Zet het vuur uit en voeg de peterselie, 1 eetlepel dille en 1 eetlepel dragon toe. Meng gelijkmatig. Garneer met de rest van de dille en dragon. Serveer warm als garnering.

Pittige Bloemkoolsteaks

Bereiding + kooktijd: 35 minuten | Porties: 5

Ingrediënten:

1 pond bloemkool, in plakjes
1 eetlepel kurkuma
1 theelepel chilipoeder
½ theelepel knoflookpoeder
1 theelepel sriracha
1 eetlepel chipotle
1 zware eetlepel
2 boterlepels

Adressen:

Zet een waterbad klaar en plaats de Sous Vide hierin. Stel het in op 185 F.

Mix alle ingrediënten behalve de bloemkool. Verdeel de bloemkoolfilets met het mengsel. Doe ze in een vacuüm afsluitbare zak. Laat de lucht ontsnappen door middel van waterverplaatsing, sluit af en dompel de zak onder in een waterbad. Zet de timer op 18 minuten.

Zodra de timer is gestopt, verwijdert u de zak en verwarmt u de grill voor en kookt u de steaks gedurende één minuut per kant.

Cayennepeperreepjes met mayonaisedressing

Bereiding + kooktijd: 1 uur 50 minuten | Porties: 6

Ingrediënten

2 grote gouden aardappelen, in reepjes gesneden
Zout en zwarte peper naar smaak
1 ½ eetlepel olijfolie
1 theelepel tijm
1 theelepel paprikapoeder
½ theelepel cayennepeper
1 eigeel
2 eetlepels ciderazijn
¾ kopje plantaardige olie
Zout en zwarte peper naar smaak

Adressen

Zet een waterbad klaar en plaats de Sous Vide hierin. Breng tot 186 F. Doe de aardappelen met een snufje zout in een vacuüm afsluitbare zak. Laat lucht ontsnappen door middel van waterverplaatsing, sluit af en dompel onder in een waterbad. Kook gedurende 1 uur en 30 minuten.

Zodra de timer is gestopt, verwijdert u de aardappelen en dept u ze droog met een theedoek. Gooi kookvocht weg. Verhit de olie in een koekenpan op middelhoog vuur. Voeg de friet toe en bestrooi met paprika, cayennepeper, tijm, zwarte peper en het resterende zout. Roer 7 minuten tot de aardappelen aan alle kanten bruin zijn.

Voor de mayonaise: Meng het eigeel en de helft van de azijn goed door elkaar. Giet langzaam de plantaardige olie erbij, al roerend, tot een gladde massa. Voeg de resterende azijn toe. Kruid met peper en zout en meng goed. Serveer met frietjes.

boterzachte eend

Bereiding + kooktijd: 7 uur 10 minuten | Porties: 7)

Ingrediënten:

2 pond eendenvleugels

2 eetlepels suiker

3 eetlepels boter

1 eetlepel ahornsiroop

1 theelepel zwarte peper

1 theelepel zout

1 eetlepel tomatenpuree

Adressen:

Zet een waterbad klaar en plaats de Sous Vide hierin. Stel het in op 175 F.

Meng de ingrediënten in een kom en verdeel de vleugels met het mengsel. Doe de vleugels in een vacuüm afsluitbare zak en giet het resterende mengsel erover. Laat de lucht ontsnappen door middel van waterverplaatsing, sluit af en dompel de zak onder in een waterbad. Zet de timer op 7 uur. Zodra de timer is gestopt, verwijdert u de zak en snijdt u deze. Heet opdienen.

boterachtige jam

Bereiding + kooktijd: 1 uur 10 minuten | Porties: 4

Ingrediënten

1 pond yams, in plakjes

8 eetlepels boter

½ kopje slagroom

Zout naar smaak

Adressen

Zet een waterbad klaar en plaats de Sous Vide hierin. Zet op 186 F. Combineer zware room, yams, koosjer zout en boter. Doe in een vacuüm afsluitbare zak. Laat de lucht ontsnappen door middel van waterverplaatsing, sluit af en dompel de zak onder in een waterbad. Kook gedurende 60 minuten.

Zodra de timer is gestopt, verwijdert u de zak en giet u de inhoud in een container. Meng goed met een keukenmachine en serveer.

Spinazie en champignonquiche

Bereiding + kooktijd: 20 minuten | Porties: 2

Ingrediënten:

1 kopje verse cremini-champignons, in plakjes
1 kopje gehakte verse spinazie
2 grote eieren, losgeklopt
2 eetlepels volle melk
1 fijngehakt teentje knoflook
¼ kopje geraspte Parmezaanse kaas
1 eetlepel boter
½ theelepel zout

Adressen:

Was de champignons onder koud stromend water en snijd ze in dunne plakjes. Opzij zetten. Spinazie goed wassen en grof hakken.

Doe de champignons, spinazie, melk, knoflook en zout in een grote zak met ritssluiting. Sluit de zak en kook in sous vide gedurende 10 minuten op 180 F.

Smelt ondertussen de boter in een grote pan op middelhoog vuur. Haal het groentemengsel uit de zak en voeg toe aan een pan. Laat 1 minuut koken en voeg dan de losgeklopte eieren toe. Roer goed tot het is opgenomen en kook tot de eieren gestold zijn. Bestrooi met geraspte kaas en haal van het vuur om te serveren.

Mexicaanse botermaïs

Bereiding + kooktijd: 40 minuten | Porties: 2

Ingrediënten

2 korenaren, gepeld

2 eetlepels koude boter

Zout en zwarte peper naar smaak

¼ kopje mayonaise

½ eetlepel chilipoeder in Mexicaanse stijl

½ theelepel limoenrasp

¼ kopje verkruimelde fetakaas

¼ kopje gehakte verse koriander

Limoenpartjes om te serveren

Adressen

Zet een waterbad klaar en plaats de Sous Vide hierin. Stel het in op 183 F.

Doe de maïskolven en boter in een vacuüm afsluitbare zak. Kruid met peper en zout. Laat de lucht ontsnappen door middel van waterverplaatsing, sluit af en dompel de zak onder in een waterbad. Kook gedurende 30 minuten.

Zodra de timer is gestopt, verwijdert u de maïs. Doe de mayonaise, limoenrasp en chilipoeder in een klein zakje. goed schudden Op een bord leggen we de fetakaas. Bestrijk de korenaren met 1 eetlepel van het mayonaisemengsel en rol over de kaas. Garneer met zout. Bijwonen.

Peren Met Kaas En Walnoten

Bereiding + kooktijd: 55 minuten | Porties: 2

Ingrediënten

1 in plakjes gesneden peer

1 pond honing

½ kopje walnoten

4 eetlepels geraspte Grana Padano-kaas

2 kopjes rucolablaadjes

Zout en zwarte peper naar smaak

2 eetlepels citroensap

2 eetlepels olijfolie

Adressen

Zet een waterbad klaar en plaats de Sous Vide hierin. Zet op 158 F. Combineer honing en peren. Doe in een vacuüm afsluitbare zak. Laat de lucht ontsnappen door middel van waterverplaatsing, sluit af en dompel de zak onder in een waterbad. Kook gedurende 45 minuten. Zodra de timer is gestopt, verwijdert u de zak en brengt u deze over in een container. Dek af met de dressing.

Broccoli en blauwe kaaspuree

Bereiding + kooktijd: 1 uur 40 minuten | Porties: 6

Ingrediënten

1 stronk broccoli, in roosjes gesneden
3 eetlepels boter
Zout en zwarte peper naar smaak
1 eetlepel peterselie
5 oz blauwe kaas, verkruimeld

Adressen

Zet een waterbad klaar en plaats de Sous Vide hierin. Stel het in op 186 F.

Doe broccoli, boter, zout, peterselie en zwarte peper in een zak met ritssluiting. Laat de lucht ontsnappen door middel van waterverplaatsing, sluit af en dompel de zak onder in een waterbad. Kook gedurende 1 uur en 30 minuten.

Zodra de timer is gestopt, verwijdert u de zak en brengt u deze over in een blender. Leg de kaas erin en mix op hoge snelheid gedurende 3-4 minuten tot een gladde massa. Bijwonen.

kerrie courgette

Bereiding + kooktijd: 40 minuten | Porties: 3

Ingrediënten:

3 kleine courgettes, in blokjes
2 theelepels kerriepoeder
1 eetlepel olijfolie
Zout en zwarte peper naar smaak
¼ kopje koriander

Adressen:

Maak een waterbad, plaats Sous Vide erin en pas aan tot 185 F. Doe de courgette in een vacuüm afsluitbare zak. Laat de lucht ontsnappen door middel van waterverplaatsing, sluit af en dompel de zak onder in een waterbad. Kook gedurende 20 minuten. Zodra de timer is gestopt, verwijdert u de zak en opent u deze. Zet een koekenpan op middelhoog vuur, voeg olijfolie toe. Zodra het is opgewarmd, voeg je de courgette en de rest van de genoemde ingrediënten toe. Breng op smaak met zout en bak 5 minuten. Serveer als garnering.

Gebakken Zoete Aardappelen Met Walnoten

Bereiding + kooktijd: 3 uur 45 minuten | Porties: 2

Ingrediënten

1 pond zoete aardappelen, in plakjes
Zout naar smaak
¼ kopje walnoten
1 eetlepel kokosolie

Adressen

Zet een waterbad klaar en plaats de Sous Vide hierin. Breng tot 146 F. Doe aardappelen en zout in een vacuüm afsluitbare zak. Laat de lucht ontsnappen door middel van waterverplaatsing, sluit af en dompel de zak onder in een waterbad. 3 uur koken. Verhit een koekenpan op middelhoog vuur en rooster de noten. Hak ze fijn.

Verwarm de envelop voor op 375 F en bekleed een bakplaat met bakpapier. Zodra de timer is gestopt, verwijder je de aardappelen en leg je ze op de bakplaat. Besprenkel met kokosolie en bak 20-30 minuten. Meng een keer. Dien op met geroosterde walnoten.

Pittige ingemaakte rode biet

Bereiding + kooktijd: 50 minuten | Porties: 4

Ingrediënten

12 oz bieten, in plakjes

½ jalapenopeper

1 fijngehakt teentje knoflook

2/3 kopje witte azijn

2/3 kopje water

2 eetlepels beitskruiden

Adressen

Zet een waterbad klaar en plaats de Sous Vide hierin. Instellen op 192 F. Combineer in 5 metselaarpotten de jalapenopepers, bieten en knoflookteentjes.

Verhit een pan en breng de augurk, het water en de witte azijn aan de kook. Giet af en giet over het bietenmengsel in de potten. Sluit de potten af en dompel ze onder in het waterbad. Kook gedurende 40 minuten. Zodra de timer is gestopt, verwijdert u de potten en laat u ze afkoelen. Bijwonen.

Pittige Boter Maïs

Bereiding + kooktijd: 35 minuten | Porties: 5

Ingrediënten

5 eetlepels boter

5 aren gele mais, gepeld

1 eetlepel verse peterselie

½ theelepel cayennepeper

Zout naar smaak

Adressen

Zet een waterbad klaar en plaats de Sous Vide hierin. Stel het in op 186 F.

Doe 3 korenaren in elke vacuüm afsluitbare zak. Laat lucht ontsnappen door middel van waterverplaatsing, verzegel en dompel de zakken onder in een waterbad. Kook gedurende 30 minuten. Zodra de timer is gestopt, haal je de maïs uit de zakken en leg je ze op een bord. Garneer met cayennepeper en peterselie.

zoetzure kippenvleugels

Bereiding + kooktijd: 2 uur 15 minuten | Porties: 2

Ingrediënten

12 kippenvleugels
Zout en zwarte peper naar smaak
1 kop gebakken kipmix
½ kopje water
½ kopje tamarisaus
½ gesnipperde ui
5 fijngehakte teentjes knoflook
2 theelepels gemberpoeder
2 eetlepels bruine suiker
¼ kopje mirin
Sesamzaadjes om te versieren
Maïzena slurry (meng 1 eetlepel maizena en 2 eetlepels water)
olijfolie om in te bakken

Adressen

Zet een waterbad klaar en plaats de Sous Vide hierin. Ingesteld op 147 F.

Doe de kippenvleugels in een vacuüm afsluitbare zak en breng op smaak met zout en peper. Laat de lucht ontsnappen door middel van waterverplaatsing, sluit af en dompel de zak onder in een waterbad. Kook gedurende 2 uur. Zodra de timer is gestopt, verwijdert u de zak. Verhit een pan met olie.

Meng in een kom 1/2 kopje bakmix en 1/2 kopje water. Giet de rest van het frituurmengsel in een andere kom. Week de vleugels in de natte mix en daarna in de droge mix. Bak 1-2 minuten tot ze krokant en goudbruin zijn.

Verhit voor de saus een steelpannetje en voeg alle ingrediënten toe; koken tot bubbels. Roer de vleugels erdoor. Werk af met sesamzaadjes en serveer.

Citrus Kippenborsten

Bereiding + kooktijd: 3 uur | Porties: 2

Ingrediënten

1½ eetlepel vers geperst sinaasappelsap

1½ eetlepel vers geperst citroensap

1½ eetlepel bruine suiker

1 eetlepel Pernode

1 eetlepel olijfolie

1 eetlepel volle granen

1 theelepel selderijzaad

Zout naar smaak

¾ theelepel zwarte peper

2 kippenborsten met bot en vel

1 venkel, gesneden, in plakjes

2 clementines, ongeschild en in plakjes

gehakte dille

Adressen

Zet een waterbad klaar en plaats de Sous Vide hierin. Stel het in op 146 F.

Combineer citroensap, sinaasappelsap, Pernod, olijfolie, selderijzaad, bruine suiker, mosterd, zout en peper in een kom. Goed mengen. Doe de kipfilet, gesneden clementine en gesneden venkel in een vacuüm afsluitbare zak. Voeg het sinaasappelmengsel toe. Laat de lucht ontsnappen door middel van waterverplaatsing, sluit af en dompel de zak onder in een waterbad. Kook gedurende 2 uur en 30 minuten. Zodra de timer is gestopt, verwijdert u de zak en brengt u de inhoud over in een container. Giet de kip af en doe het kookvocht in een hete pan.

Kook ongeveer 5 minuten, tot het bubbelt. Verwijder en plaats op de kip. Bak 6 minuten tot ze bruin zijn. Serveer de kip op een schaal en besprenkel met de saus. Garneer met dille en venkelblaadjes.

Artisjok Gevulde Kip

Bereiding + kooktijd: 3 uur 15 minuten | Porties: 6

Ingrediënten:

2 pond kipfiletfilets, in vlindervormen gesneden
½ kopje gehakte babyspinazie
8 teentjes knoflook, geperst
10 artisjokharten
Zout en witte peper naar smaak
4 eetlepels olijfolie

Adressen:

Combineer artisjok, peper en knoflook in een keukenmachine. Mix tot het helemaal glad is. Pulseer opnieuw en voeg geleidelijk de olie toe totdat deze goed is opgenomen.

Vul elke borst met gelijke hoeveelheden gesneden babyspinazie en artisjokmengsel. Vouw de borstfilet terug naar binnen en zet de rand vast met een houten spies. Breng op smaak met zout en witte peper en doe in aparte vacuüm afsluitbare zakken. Verzegel de zakken en kook sous vide gedurende 3 uur op 149 F.

Krokante Bacon Kip Wrap

Bereiding + kooktijd: 3 uur 15 minuten | Porties: 2

Ingrediënten

1 kipfilet

2 reepjes spek

2 eetlepels Dijon-mosterd

1 eetlepel geraspte Pecorino Romano-kaas

Adressen

Zet een waterbad klaar en plaats de Sous Vide hierin. Zet op 146 F. Combineer kip met zout. Marineer aan beide kanten met Dijon-mosterd. Top met Pecorino Romano-kaas en wikkel pancetta rond kip.

Doe in een vacuüm afsluitbare zak. Laat de lucht ontsnappen door middel van waterverplaatsing, sluit af en dompel de zak onder in een waterbad. 3 uur koken. Zodra de timer is gestopt, verwijder je de kip en dep je hem droog. Verhit een koekenpan op middelhoog vuur en bruin tot knapperig.

Kip Met Zongedroogde Tomaten

Bereiding + kooktijd: 1 uur 15 minuten | Porties: 3

Ingrediënten:

1 pond kipfilets, zonder vel en zonder bot

½ kopje zongedroogde tomaten

1 theelepel rauwe honing

2 eetlepels vers citroensap

1 eetlepel verse munt, fijngehakt

1 eetlepel gehakte sjalotjes

1 eetlepel olijfolie

Zout en zwarte peper naar smaak

Adressen:

Spoel de kipfilets af onder koud stromend water en dep droog met keukenpapier. Opzij zetten.

Meng in een middelgrote kom citroensap, honing, munt, sjalotjes, olijfolie, zout en peper. Meng tot goed opgenomen. Voeg kipfilets en zongedroogde tomaten toe. Schud om alles goed te coaten. Doe alles in een grote vacuüm afsluitbare zak. Knijp in de zak om lucht te verwijderen en sluit het deksel af.

Sous vide gedurende 1 uur op 167 F. Haal uit het waterbad en serveer onmiddellijk.

Groentekip met sojasaus.

Bereiding + kooktijd: 6 uur 25 minuten | Porties: 4

Ingrediënten

1 hele kip met been, vastgebonden
1 liter natriumarme kippenbouillon
2 eetlepels sojasaus
5 takjes verse salie
2 gedroogde laurierblaadjes
2 kopjes gesneden wortelen
2 kopjes gesneden bleekselderij
½ oz gedroogde paddenstoelen
3 eetlepels boter

Adressen

Zet een waterbad klaar en plaats de Sous Vide hierin. Stel het in op 149 F.

Combineer sojasaus, kippenbouillon, kruiden, groenten en kip. Doe in een vacuüm afsluitbare zak. Laat de lucht ontsnappen door middel van waterverplaatsing, sluit af en dompel de zak onder in een waterbad. 6 uur koken.

Zodra de timer is gestopt, verwijdert u de kip en giet u de groenten af. Droog met een bakplaat. Breng op smaak met olijfolie, zout en peper. Verwarm de oven tot 450 F. en braad gedurende 10 minuten. Roer de kooksappen in een pan. Haal van het vuur en meng met boter. Snijd de kip zonder vel in plakjes en breng op smaak met koosjer zout en gemalen zwarte peper. Serveer op een schaal. Bedek met de saus.

Kipsalade op Chinese wijze met hazelnoten

Bereiding + kooktijd: 1 uur 50 minuten | Porties: 4

Ingrediënten

4 grote kippenborsten zonder vel, zonder vel

Zout en zwarte peper naar smaak

¼ kopje honing

¼ kopje sojasaus

3 eetlepels gesmolten pindakaas

3 eetlepels sesamolie

2 eetlepels plantaardige olie

4 theelepels azijn

½ theelepel gerookt paprikapoeder

1 krop ijsbergsla, bijgesneden

3 fijngehakte bieslook

¼ kopje gesneden hazelnoten, geroosterd

¼ kopje geroosterde sesamzaadjes

2 kopjes wontonreepjes

Adressen

Zet een waterbad klaar en plaats de Sous Vide hierin. Stel het in op 152 F.

Kruid de kip met zout en peper en doe in een vacuüm afsluitbare zak. Laat de lucht ontsnappen door middel van waterverplaatsing, sluit af en dompel de zak onder in een waterbad. Kook gedurende 90 minuten.

Combineer ondertussen honing, sojasaus, pindakaas, sesamolie, plantaardige olie, azijn en paprika. Roer tot een gladde massa. Laat afkoelen in de koelkast.

Als de timer is gestopt, haal je de kip eruit en dep je hem droog met een theedoek. Gooi kookvocht weg. Snijd de kip in kleine plakjes en doe ze in een slakom. Voeg de sla, bieslook en hazelnoten toe. Dek af met de dressing. Garneer met sesamzaadjes en wontonreepjes.

Paprika Kip Lunch

Bereiding + kooktijd: 1 uur 15 minuten | Porties: 2

Ingrediënten

1 kipfilet zonder bot, gehalveerd
Zout en zwarte peper naar smaak
peper naar smaak
1 eetlepel paprikapoeder
1 eetlepel knoflookpoeder

Adressen

Zet een waterbad klaar en plaats de Sous Vide hierin. Zet op 149 F. Laat de kip uitlekken en dep droog met een bakplaat. Breng op smaak met knoflookpoeder, paprikapoeder, peper en zout. Doe in een vacuüm afsluitbare zak. Laat lucht ontsnappen door middel van waterverplaatsing, verzegel en dompel onder in een waterbad. Kook gedurende 1 uur. Zodra de timer is gestopt, verwijdert u de kip en serveert u deze.

Rozemarijn Kippenstoofpot

Bereiding + kooktijd: 4 uur 15 minuten | Porties: 2

Ingrediënten

2 kippendijen
6 teentjes knoflook, geperst
¼ theelepel hele zwarte peper
2 laurierblaadjes
¼ kopje donkere sojasaus
¼ kopje witte azijn
1 eetlepel rozemarijn

Adressen

Zet een waterbad klaar en plaats de Sous Vide hierin. Zet op 165 F. Combineer kippendijen met alle ingrediënten. Doe in een vacuüm afsluitbare zak. Laat lucht ontsnappen door middel van waterverplaatsing, sluit af en dompel onder in een waterbad. 4 uur koken.

Zodra de timer is gestopt, verwijdert u de kip, gooit u de laurierblaadjes weg en bewaart u het kookvocht. Verhit canola-olie in een koekenpan op middelhoog vuur en bak de kip bruin. Voeg kookvocht toe en kook tot de gewenste consistentie. Zeef de saus en bedek de kip.

Krokante Kip Met Champignons

Bereiding + kooktijd: 1 uur 15 minuten | Porties: 4

Ingrediënten

4 kipfilets zonder bot

1 kop panko paneermeel

1 pond gesneden portobello-champignons

klein bosje tijm

2 eieren

Zout en zwarte peper naar smaak

koolzaadolie naar smaak

Adressen

Zet een waterbad klaar en plaats de Sous Vide hierin. Stel het in op 149 F.

Doe de kip in een vacuüm afsluitbare zak. Breng op smaak met zout en tijm. Laat lucht ontsnappen door middel van waterverplaatsing, sluit af en dompel onder in een waterbad. Kook gedurende 60 minuten.

Verhit ondertussen een koekenpan op middelhoog vuur. Kook de champignons tot het water is verdampt. Voeg 3-4 takjes tijm toe. Kruid met peper en zout. Zodra de timer is gestopt, verwijdert u de zak.

Verhit een koekenpan met olie op middelhoog vuur. Meng de panko met zout en peper. Laag kip in panko mix. Bak 1-2 minuten per kant. Serveer met champignons.

Courgette Kruiden Kipschotel

Bereiding + kooktijd: 1 uur 15 minuten | Porties: 2

Ingrediënten

6 kippenhaasjes

4 kopjes pompoen, gehakt en geroosterd

4 kopjes rucola

4 eetlepels gesneden amandelen

sap van 1 citroen

2 eetlepels olijfolie

4 eetlepels gesnipperde rode ui

1 eetlepel paprikapoeder

1 eetlepel kurkuma

1 eetlepel komijn

Zout naar smaak

Adressen

Zet een waterbad klaar en plaats de Sous Vide hierin. Stel het in op 138 F.

Doe de kip en alle kruiden in een vacuüm afsluitbare zak. Laat lucht ontsnappen door middel van waterverplaatsing, sluit af en dompel onder in een waterbad. Kook gedurende 60 minuten.

Zodra de timer is gestopt, verwijdert u de zak en brengt u de kip over in een hete koekenpan. 1 minuut per kant dichtschroeien. Combineer de resterende ingrediënten in een kom. Serveer de kip met de salade.

Koriander Kip Met Pindakaassaus

Bereiding + kooktijd: 1 uur 40 minuten | Porties: 2

Ingrediënten

4 kipfilets

1 zak gemengde salade

1 bosje koriander

2 komkommers

2 wortelen

1 pakje wontonvellen

olie om te frituren

¼ kopje pindakaas

Sap van 1 limoen

2 eetlepels gehakte koriander

3 teentjes knoflook

2 eetlepels verse gember

½ kopje water

2 eetlepels witte azijn

1 eetlepel sojasaus

1 theelepel vissaus

1 theelepel sesamolie

3 eetlepels koolzaadolie

Adressen

Zet een waterbad klaar en plaats de Sous Vide hierin. Zet op 149 F. Kruid de kip met zout en peper en doe deze in een vacuüm afsluitbare zak. Laat de lucht ontsnappen door middel van waterverplaatsing, sluit af en dompel de zak onder in een waterbad. Kook gedurende 60 minuten. Hak de komkommer, koriander en wortels fijn en combineer met de salade.

Verwarm een pan tot 350 F. en vul met olie. Snijd de wontonvellen in stukjes en bak ze krokant. Doe pindakaas, limoensap, verse gember, koriander, water, witte azijn, vissaus, sojasaus, sesam en koolzaadolie in een keukenmachine. Meng tot een gladde massa.

Zodra de timer is afgelopen, verwijdert u de kip en brengt u deze over naar een hete koekenpan. Schroei 30 seconden per kant dicht. Meng de wontonreepjes door de salade. Snijd de kip in plakjes. Serveer bovenop de salade. Besprenkel met dressing.

Stoofpotje van kip en prei

Bereiding + kooktijd: 70 minuten | Porties: 4

Ingrediënten

6 kippenborsten zonder vel

Zout en zwarte peper naar smaak

3 eetlepels boter

1 grote prei, dwars doorgesneden

½ kopje panko

2 eetlepels gehakte peterselie

1 oz copoundy jack-kaas

1 eetlepel olijfolie

Adressen

Zet een waterbad klaar en plaats de Sous Vide hierin. Stel het in op 146 F.

Doe de kipfilets in een vacuüm afsluitbare zak. Kruid met peper en zout. Laat lucht ontsnappen door middel van waterverplaatsing, sluit af en dompel onder in een waterbad. Kook gedurende 45 minuten.

Verhit ondertussen een koekenpan op hoog vuur met boter en bak de prei. Kruid met peper en zout. Goed mengen. Zet het vuur laag en laat 10 minuten koken.

Verhit een koekenpan op middelhoog vuur met boter en voeg de panko toe. Kook tot geroosterd. Breng over naar een kom en combineer met cheddarkaas en gehakte peterselie. Zodra de timer is gestopt, verwijdert u uw borsten en droogt u ze af. Verhit een koekenpan op hoog vuur met olijfolie en bak de kip 1 minuut per kant. Serveer over de prei en garneer met de pankomix.

Mosterd kippenpoten

Bereiding + kooktijd: 2 uur 30 minuten | Porties: 4

Ingrediënten

4 hele kippendijen

Zout en zwarte peper naar smaak

2 eetlepels olijfolie

2 sjalotten, dun gesneden

3 teentjes knoflook, dun gesneden

½ kopje droge witte wijn

1 kop kippenbouillon

¼ kopje volkoren mosterd

1 kopje halve en halve room

1 theelepel kurkuma

2 eetlepels verse dragon, gehakt

1 eetlepel gehakte verse tijm

Adressen

Zet een waterbad klaar en plaats de Sous Vide hierin. Zet op 172 F. Breng de kip op smaak met zout en peper. Verhit olijfolie in een koekenpan op hoog vuur en bak de kippenpoten in 5-7 minuten bruin. Opzij zetten.

Voeg in dezelfde pan de sjalotten en knoflook toe. Kook gedurende 5 minuten. Voeg de witte wijn toe en kook 2 minuten tot het bubbelt. Verwijder en giet de kippenbouillon en mosterd erbij.

Meng de mosterdsaus met de kip en doe in een vacuüm afsluitbare zak. Laat lucht ontsnappen door middel van waterverplaatsing, sluit af en dompel onder in een waterbad. Kook gedurende 2 uur.

Zodra de timer is gestopt, verwijdert u de zak, bewaart u de kip en scheidt u het kookvocht. Doe het kookvocht en de anderhalve room in een hete pan. Kook tot het bubbelt en half verdampt is. Haal van het vuur en combineer dragon, kurkuma, tijm en kippendijen. Goed mengen. Kruid met peper en zout en serveer.

Kipsalade Met Kaas En Kikkererwten

Bereiding + kooktijd: 1 uur 30 minuten | Porties: 2

Ingrediënten

6 kipfilethaasjes, zonder bot, zonder vel
4 eetlepels olijfolie
2 eetlepels hete saus
1 theelepel gemalen komijn
1 theelepel lichtbruine suiker
1 theelepel gemalen kaneel
Zout en zwarte peper naar smaak
1 blik uitgelekte kikkererwten
½ kopje verkruimelde fetakaas
½ kopje verkruimelde verse kaas
½ kopje verkruimelde basilicum
½ kopje vers gesneden munt
4 theelepels geroosterde pijnboompitten
2 theelepels honing
2 theelepels vers geperst citroensap

Adressen

Zet een waterbad klaar en plaats de Sous Vide hierin. Zet op 138 F. Doe de kipfilets, 2 eetlepels olijfolie, hete saus, bruine suiker, komijn en kaneel in een vacuüm afsluitbare zak. Kruid met peper en zout. Laat de lucht ontsnappen door middel van waterverplaatsing, sluit af en dompel de zak onder in een waterbad. Kook gedurende 75 minuten.

Combineer ondertussen kikkererwten, basilicum, queso fresco, munt en pijnboompitten in een kom. Giet honing, citroensap en 2 eetlepels olijfolie erbij. Kruid met peper en zout. Als de timer is gestopt, haal je de kip eruit en snijd je hem in stukjes. Gooi kookvocht weg. Roer de salade en de kip erdoor, meng goed en serveer.

Gelaagde kaasachtige kip

Bereiding + kooktijd: 60 minuten | Porties: 2

Ingrediënten

2 kipfilets, zonder bot en zonder vel

Zout en zwarte peper naar smaak

2 theelepels boter

4 kopjes sla

1 grote tomaat, in plakjes

1 ons cheddarkaas, in plakjes

2 eetlepels rode ui, in blokjes gesneden

verse basilicumblaadjes

1 eetlepel olijfolie

2 schijfjes citroen om te serveren

Adressen

Zet een waterbad klaar en plaats de Sous Vide hierin. Stel het in op 146 F.

Doe de kip in een vacuüm afsluitbare zak. Kruid met peper en zout. Laat de lucht ontsnappen door middel van waterverplaatsing, sluit af en dompel de zak onder in een waterbad. Kook gedurende 45 minuten.

Zodra de timer is gestopt, verwijdert u de kip en gooit u alle kookvocht weg. Verhit een koekenpan op hoog vuur met boter. Bak de kip goudbruin. Breng over naar een serveerschaal. Leg sla tussen de kip en garneer met tomaat, rode ui, cheddarkaas en basilicum. Besprenkel met olijfolie, zout en peper. Serveer met partjes citroen.

Kip op Chinese wijze

Bereiding + kooktijd: 1 uur 35 minuten | Porties: 6

Ingrediënten

1½ pond kippenborsten zonder botten en zonder vel

¼ kopje fijngehakte uien

2 eetlepels worcestershiresaus

1 eetlepel honing

1 theelepel sesamolie

1 fijngehakt teentje knoflook

¾ theelepel Chinees vijfkruidenpoeder

Adressen

Zet een waterbad klaar en plaats de Sous Vide hierin. Stel het in op 146 F.

Doe kip, ui, honing, worcestersaus, sesamolie, knoflook en vijf kruiden in een vacuüm afsluitbare zak. Laat de lucht ontsnappen door middel van waterverplaatsing, sluit af en dompel de zak onder in een waterbad. Kook gedurende 75 minuten. Verhit een koekenpan op middelhoog vuur. Zodra de timer is gestopt, verwijdert u de zak en plaatst u deze in de pan. Bak in 5 minuten goudbruin. Snijd de kip in medaillons.

Oregano Kip Gehaktballetjes

Bereiding + kooktijd: 2 uur 20 minuten | Porties: 4

Ingrediënten

1 pond gemalen kip

1 eetlepel olijfolie

2 fijngehakte teentjes knoflook

1 theelepel verse oregano, gehakt

Zout naar smaak

1 eetlepel komijn

½ theelepel citroenschil

½ theelepel zwarte peper

¼ kopje panko paneermeel

Schijfjes citroen

Adressen

Zet een waterbad klaar en plaats er Sous Vide in. Breng tot 146 F. Combineer gemalen kip, knoflook, olijfolie, oregano, citroenschil, komijn, zout en peper in een kom. Maak met je handen minimaal 14 gehaktballen. Doe de gehaktballen in een vacuüm afsluitbare zak. Laat de lucht ontsnappen door middel van waterverplaatsing, sluit af en dompel de zak onder in een waterbad. Kook gedurende 2 uur.

Zodra de timer is gestopt, verwijdert u de zak en brengt u de gehaktballetjes over naar een bakplaat bekleed met folie. Verhit een koekenpan op middelhoog vuur en bak de gehaktballetjes in 7 minuten bruin. Garneer met partjes citroen.

Geladen kip uit Cornwall met rijst en bessen

Bereiding + kooktijd: 4 uur 40 minuten | Porties: 2

Ingrediënten

2 hele Cornish wild hennen
4 eetlepels boter plus 1 extra eetlepel
2 kopjes shitake-champignons, dun gesneden
1 kopje prei, fijngehakt
¼ kopje walnoten, gehakt
1 eetlepel gehakte verse tijm
1 kopje gekookte wilde rijst
¼ kopje gedroogde veenbessen
1 eetlepel honing

Adressen

Zet een waterbad klaar en plaats de Sous Vide hierin. Stel het in op 149 F.

Verhit 4 eetlepels boter in een koekenpan op middelhoog vuur, voeg als het gesmolten is de champignons, tijm, prei en walnoten toe. Kook gedurende 5 tot 10 minuten. Doe de rijst en bosbessen. Haal van het vuur. Laat 10 minuten afkoelen. Vul de holtes van de kippen met het mengsel. Bind de benen vast.

Doe de kippen in een vacuüm afsluitbare zak. Laat de lucht ontsnappen door middel van waterverplaatsing, sluit af en dompel de zak onder in het bad. 4 uur koken. Verhit een koekenpan op hoog vuur. Meng in een kom de honing en 1 eetlepel gesmolten boter. Giet over de kippen. Bak de kippen 2 minuten bruin en serveer.

Chessy Kip Opgerold

Bereiding + kooktijd: 1 uur 45 minuten | Porties: 2

Ingrediënten

1 kipfilet

¼ kopje roomkaas

¼ kopje julienne geroosterde rode paprika

½ kopje losjes verpakte rucola

6 plakjes prosciutto

Zout en zwarte peper naar smaak

1 eetlepel olie

Adressen

Zet een waterbad klaar en plaats er Sous Vide in. Breng tot 155 F. Laat de kip uitlekken en sla tot een zeer dikke massa. Snijd hem vervolgens doormidden en kruid met peper en zout. Smeer 2 eetlepels roomkaas en voeg geroosterde rode paprika en rucola toe.

Rol de borsten als sushi en leg 3 lagen prosciutto en rol de borsten. Doe in een vacuüm afsluitbare zak. Laat lucht ontsnappen door middel van waterverplaatsing, sluit af en dompel onder in een waterbad. Kook gedurende 90 minuten. Zodra de timer is gestopt, haal je de kip uit de zak en bak je hem bruin. Snijd in kleine plakjes en serveer.

Munt Kip En Erwten Salade

Bereiding + kooktijd: 1 uur 30 minuten | Porties: 2

Ingrediënten

6 kipfilethaasjes, zonder bot

4 eetlepels olijfolie

Zout en zwarte peper naar smaak

2 kopjes erwten, geblancheerd

1 kopje vers gesneden munt

½ kopje verkruimelde verse kaas

1 eetlepel vers geperst citroensap

2 theelepels honing

2 theelepels rode wijnazijn

Adressen

Zet een waterbad klaar en plaats de Sous Vide hierin. Stel het in op 138 F.

Doe de kip met olijfolie in een vacuüm afsluitbare zak. Kruid met peper en zout. Laat de lucht ontsnappen door middel van waterverplaatsing, sluit af en dompel de zak onder in een waterbad. Kook gedurende 75 minuten.

Combineer de erwten, queso fresco en munt in een kom. Meng citroensap, rode wijnazijn, honing en 2 eetlepels olijfolie. Kruid met peper en zout.

Als je klaar bent, haal je de kip eruit en snijd je hem in stukjes. Gooi kookvloeistoffen weg. Bijwonen.

Kruidenkip Met Champignonroomsaus

Bereiding + kooktijd: 4 uur 15 minuten | Porties: 2

Ingrediënten

<u>voor kip</u>

2 kippenborsten zonder vel, zonder vel

Zout naar smaak

1 eetlepel dille

1 eetlepel kurkuma

1 theelepel plantaardige olie

<u>voor de saus</u>

3 sjalotten, gesnipperd

2 fijngehakte teentjes knoflook

1 theelepel olijfolie

2 boterlepels

1 kopje gesneden champignons

2 eetlepels portwijn

½ kopje kippenbouillon

1 kop geitenkaas

¼ theelepel gemalen zwarte peper

Adressen

Zet een waterbad klaar en plaats de Sous Vide hierin. Instellen op 138 F. Plaats met zout en peper gekruide kip in een vacuüm afsluitbare zak. Laat de lucht ontsnappen door middel van waterverplaatsing, sluit af en dompel de zak onder in een waterbad. 4 uur koken.

Zodra de timer is gestopt, verwijdert u de zak en brengt u deze over in een ijsbad. Laten afkoelen en drogen. Opzij zetten. Verhit de olie in een koekenpan op hoog vuur, voeg de sjalotten toe en bak 2-3 minuten. Doe boter, dille, kurkuma en knoflook, kook nog 1 minuut. Voeg champignons, wijn en bouillon toe. Laat 2 minuten koken en giet dan de room erbij. Blijf koken tot de saus dikker wordt. Kruid met peper en zout. Verhit een grill totdat het rookt. Bestrijk de kip met olie en schroei 1 minuut aan elke kant. Bedek met de saus.

krokant gebakken kip

Bereiding + kooktijd: 2 uur | Porties: 4

Ingrediënten

8 kippendijen

Zout en zwarte peper naar smaak

Voor natte mix

2 kopjes sojamelk

1 eetlepel citroensap

voor droge mix

1 kopje meel

1 kopje rijstmeel

½ kopje maizena

2 eetlepels paprikapoeder

1 eetlepel gember

Zout en zwarte peper naar smaak

Adressen

Zet een waterbad klaar en plaats de Sous Vide hierin. Zet op 154 F. Plaats de gepeperde en gezouten kip in een vacuüm afsluitbare zak. Laat lucht ontsnappen door middel van waterverplaatsing, sluit af en dompel onder in een waterbad. Kook gedurende 1 uur.

Zodra de timer is gestopt, verwijdert u de zak. Laat 15 minuten afkoelen. Verhit een koekenpan met olie tot 400-425 F. Combineer in een kom de sojamelk en het citroensap om een vochtig mengsel te maken. Klop in een andere kom het eiwitmeel, rijstmeel, maïzena, gember, paprikapoeder, zout en gemalen peper tot een droog mengsel.

Week de kip in de droge mix en daarna in de natte mix. Herhaal nog 2-3 keer. Plaats op een bakrooster. Herhaal het proces totdat de kip klaar is. Bak de kip 3-4 minuten. Reserveer, laat 10-15 minuten afkoelen. Werk af met partjes citroen en saus.

Groene Kipsalade Met Amandelen

Bereiding + kooktijd: 95 minuten | Porties: 2

Ingrediënten

2 kippenborsten zonder vel

Zout en zwarte peper naar smaak

1 kopje amandelen

1 eetlepel olijfolie

2 eetlepels suiker

4 rode pepers, in dunne plakjes gesneden

1 gepeld teentje knoflook

3 eetlepels vissaus

2 theelepels vers geperst citroensap

1 kopje gehakte koriander

1 bieslook, dun gesneden

1 stengel citroengras, alleen het witte gedeelte, in plakjes

1 stuk gember van 5 cm, julienned

Adressen

Zet een waterbad klaar en plaats de Sous Vide hierin. Instellen op 138 F. Plaats met zout en peper gekruide kip in een vacuüm afsluitbare zak. Laat de lucht ontsnappen door middel van waterverplaatsing, sluit af en dompel de zak onder in een waterbad. Kook gedurende 75 minuten.

Verhit na 60 minuten de olijfolie in een pan tot 350 F. Rooster de amandelen gedurende 1 minuut tot ze droog zijn. Klop de suiker, knoflook en chili los. Giet de vissaus en het citroensap erbij.

Als je klaar bent, haal je de zak eruit en laat je hem afkoelen. Snijd de kip in stukjes en doe deze in een kom. Schenk de dressing erbij en meng goed. Voeg koriander, gember, citroengras en gebakken amandelen toe. Garneer met chili en serveer.

Melkachtige Kokos Kip

Bereiding + kooktijd: 75 minuten | Porties: 2

Ingrediënten

2 kipfilets

4 eetlepels kokosmelk

Zout en zwarte peper naar smaak

voor de saus

4 eetlepels satésaus

2 eetlepels kokosmelk

Een snufje tamarisaus

Adressen

Zet een waterbad klaar en plaats de Sous Vide hierin. Stel het in op 138 F.

Doe de kip in een vacuüm afsluitbare zak en kruid met peper en zout. Voeg 4 eetlepels melk toe. Laat de lucht ontsnappen door middel van waterverplaatsing, sluit af en dompel de zak onder in een waterbad. Kook gedurende 60 minuten.

Zodra de timer is gestopt, verwijdert u de zak. Combineer sausingrediënten en magnetron gedurende 30 seconden. Snijd de kip in plakjes. Serveer op een bord en besprenkel met de saus.

Kip- en spekbord in Romeinse stijl

Bereiding + kooktijd: 1 uur 40 minuten | Porties: 4

Ingrediënten

4 kleine kipfilets zonder bot en zonder vel

8 salieblaadjes

4 stuks dun gesneden spek

zwarte peper naar smaak

1 eetlepel olijfolie

2 oz geraspte fontina-kaas

Adressen

Zet een waterbad klaar en plaats de Sous Vide hierin. Zet op 146 F. Breng de kip op smaak met zout en peper. Bestrooi met 2 blaadjes salie en 1 plakje ontbijtspek. Doe ze in een vacuüm afsluitbare zak. Laat de lucht ontsnappen door middel van waterverplaatsing, sluit af en dompel de zak onder in een waterbad. Kook gedurende 90 minuten.

Zodra de timer is gestopt, verwijder je de zak en dep je hem droog. Verhit de olie in een koekenpan op hoog vuur en bak de kip in 1 minuut bruin. Draai de kip om en bedek met 1 eetlepel fontina-kaas. Dek de pan af en laat de kaas smelten. Serveer de kip in een kom en versier met salieblaadjes.

Salade van cherrytomaat, avocado en kip

Bereiding + kooktijd: 1 uur 30 minuten | Porties: 2

Ingrediënten

1 kipfilet

1 avocado in plakjes

10 stukjes kerstomaten in tweeën gesneden

2 kopjes gehakte sla

2 eetlepels olijfolie

1 eetlepel limoensap

1 geperst teentje knoflook

Zout en zwarte peper naar smaak

2 theelepels ahornsiroop

Adressen

Zet een waterbad klaar en plaats de Sous Vide hierin. Breng tot 138 F. Doe de kip in een vacuüm afsluitbare zak. Kruid met peper en zout. Laat de lucht ontsnappen door middel van waterverplaatsing, sluit af en dompel de zak onder in een waterbad. Kook gedurende 75 minuten.

Zodra de timer is gestopt, verwijdert u de kip. Verhit de olie in een koekenpan op middelhoog vuur. Bak de borsten 30 seconden bruin en snijd ze in plakjes. Meng in een kom de knoflook, limoensap, ahornsiroop en olijfolie. Voeg sla, cherrytomaatjes en avocado toe. Goed mengen. Serveer de salade en garneer met kip.

chili kip

Bereiding + kooktijd: 2 uur 15 minuten | Porties: 2

Ingrediënten

4 kippendijen

2 eetlepels olijfolie

Zout en zwarte peper naar smaak

1 geperst teentje knoflook

3 eetlepels vissaus

¼ kopje limoensap

1 lepel suiker

3 eetlepels gehakte basilicum

3 eetlepels gehakte koriander

2 rode pepers (zonder zaadjes), fijngehakt

1 eetlepel zoete chilisaus

1 eetlepel groene chilisaus

Adressen

Zet een waterbad klaar en plaats de Sous Vide hierin. Zet op 149 F. Wikkel de kip in vershoudfolie en laat afkoelen. Doe in een vacuüm afsluitbare zak met olijfolie, peper en zout. Laat de lucht ontsnappen door middel van waterverplaatsing, sluit af en dompel de zak onder in een waterbad. Kook gedurende 2 uur.

Zodra de timer is gestopt, verwijdert u de kip en snijdt u deze in 4-5 stukken. Verhit plantaardige olie in een koekenpan op middelhoog vuur en bruin tot ze krokant is. Meng in een kom alle ingrediënten voor de dressing en zet apart. Serveer de kip, breng op smaak met zout en bedek met de dressing.

Kippenvleugels met honingsmaak

Bereiding + kooktijd: 135 minuten | Porties: 2

Ingrediënten

¾ theelepel sojasaus

¾ theelepel rijstwijn

¾ theelepel honing

¼ theelepel vijfkruiden

6 kippenvleugels

½ inch verse gember

½ inch gemalen foelie

1 fijngehakt teentje knoflook

Gesneden bieslook om te serveren

Adressen

Zet een waterbad klaar en plaats de Sous Vide hierin. Stel het in op 160 F.

Meng in een kom de sojasaus, rijstwijn, honing en vijf kruiden. Doe kippenvleugels en knoflook in een vacuüm afsluitbare zak. Laat de lucht ontsnappen door middel van waterverplaatsing, sluit af en dompel de zak onder in een waterbad. Kook gedurende 2 uur.

Zodra de timer is gestopt, verwijder je de vleugels en leg je ze op een bakplaat. Bak 5 minuten in de oven op 380 F. Serveer op een schaal en garneer met gesneden bieslook.

Groene kerrie kip met noedels

Bereiding + kooktijd: 3 uur | Porties: 2

Ingrediënten

1 kipfilet, zonder bot en zonder vel

Zout en zwarte peper naar smaak

1 blik (13,5 oz) kokosmelk

2 eetlepels groene currypasta

1¾ kopjes kippenbouillon

1 kopje shiitake-paddenstoelen

5 kaffirlimoenblaadjes, gehalveerd

2 eetlepels vissaus

1½ eetlepel suiker

½ kopje Thaise basilicumblaadjes, gehakt

2 ons gekookte eiernoedelnesten

1 kopje koriander, gehakt

1 kopje taugé

2 eetlepels gebakken noedels

2 rode pepers, fijngehakt

Adressen

Zet een waterbad klaar en plaats de Sous Vide hierin. Zet op 138 F. Breng de kip op smaak met zout en peper. Doe het in een vacuüm afsluitbare zak. Laat de lucht ontsnappen door middel van waterverplaatsing, sluit af en dompel de zak onder in een waterbad. Kook gedurende 90 minuten.

Verhit na 35 minuten een steelpan op middelhoog vuur en voeg de groene currypasta en de helft van de kokosmelk toe. Laat 5-10 minuten koken tot de kokosmelk begint in te dikken. Voeg de kippenbouillon en de rest van de kokosmelk toe. Kook gedurende 15 minuten.

Zet het vuur lager en voeg kaffirlimoenblaadjes, shiitake-paddenstoelen, suiker en vissaus toe. Laat minimaal 10 minuten koken. Haal van het vuur en voeg de basilicum toe.

Zodra de timer is gestopt, verwijdert u de zak, laat u deze 5 minuten afkoelen en snijdt u deze in kleine plakjes. Serveer de currysaus, gekookte noedels en kip in een diep bord. Werk af met taugé, koriander, chilipepers en gebakken noedels.

Mini Avocado Pesto Kip Bites

Bereiding + kooktijd: 1 uur 40 minuten | Porties: 2

Ingrediënten

1 kipfilet, zonder bot, zonder vel, vlinder

Zout en zwarte peper naar smaak

1 eetlepel salie

3 eetlepels olijfolie

1 eetlepel pesto

1 courgette, in plakjes

1 avocado

1 kopje verse basilicumblaadjes

Adressen

Zet een waterbad klaar en plaats de Sous Vide hierin. Stel het in op 138 F.

Sla de kipfilet fijn. Breng op smaak met salie, peper en zout. Doe in een vacuüm afsluitbare zak. Voeg 1 eetlepel olie en pesto toe. Laat de lucht ontsnappen door middel van waterverplaatsing, sluit af en dompel de zak onder in een waterbad. Kook gedurende 75 minuten. Verhit na 60 minuten

1 eetlepel olijfolie in een koekenpan op hoog vuur, voeg de courgette en ¼ kopje water toe. Kook tot het water is verdampt. Zodra de timer is gestopt, verwijdert u de kip.

Verhit de resterende olijfolie in een koekenpan op middelhoog vuur en bak de kip 2 minuten per kant. Reserveer en laat afkoelen. Snijd de kip in kleine plakjes zoals courgette. Snijd ook de avocado. Serveer de kip met plakjes avocado erop. Garneer met plakjes courgette en basilicum.

cheesy kippenballen

Bereiding + kooktijd: 1 uur 15 minuten | Porties: 6

Ingrediënten

1 pond gemalen kip

2 eetlepels fijngehakte ui

¼ theelepel knoflookpoeder

Zout en zwarte peper naar smaak

2 eetlepels paneermeel

1 ei

32 kleine blokjes mozzarellakaas, in blokjes

1 eetlepel boter

3 eetlepels panko

½ kopje tomatensaus

½ oz geraspte Pecorino Romano-kaas

Gehakte peterselie

Adressen

Zet een waterbad klaar en plaats de Sous Vide hierin. Zet op 146 F. Combineer kip, ui, zout, knoflookpoeder, peper en gekruide broodkruimels in een kom. Voeg het ei toe en meng goed. Vorm 32 middelgrote balletjes en vul ze met een blokje kaas, zorg dat het mengsel de kaas goed bedekt.

Doe de balletjes in een vacuüm afsluitbare zak en laat ze 20 minuten afkoelen. Laat vervolgens lucht ontsnappen met behulp van de waterverplaatsingsmethode, sluit af en dompel de zak onder in het waterbad. Kook gedurende 45 minuten.

Zodra de timer is gestopt, verwijdert u de ballen. Smelt de boter in een koekenpan op hoog vuur en voeg panko toe. Kook tot geroosterd. Kook ook de tomatensaus. Leg de balletjes op een serveerschaal en bestrijk ze met de tomatensaus. Garneer met de panko en kaas. Garneer met peterselie.

Turkije Cheeseburgers

Bereiding + kooktijd: 1 uur 45 minuten | Porties: 6

Ingrediënten

6 theelepels olijfolie

1½ pond gemalen kalkoen

16 roomkoekjes, geplet

2½ eetlepels gehakte verse peterselie

2 eetlepels gehakte verse basilicum

½ eetlepel worcestershiresaus

½ eetlepel sojasaus

½ theelepel knoflookpoeder

1 ei

6 geroosterde broodjes

6 plakjes tomaat

6 blaadjes snijsla

6 plakjes Monterey Jack-kaas

Adressen

Zet een waterbad klaar en plaats de Sous Vide hierin. Zet op 148 F. Combineer kalkoen, koekjes, peterselie, basilicum, sojasaus en knoflookpoeder. Voeg het ei toe en meng met je handen.

Maak op een bakplaat van peperwas met het mengsel 6 pasteitjes en leg ze. Dek af en breng over naar de koelkast.

Haal de burgers uit de koelkast en doe ze in drie vacuüm afsluitbare zakken. Laat lucht ontsnappen door middel van waterverplaatsing, verzegel en dompel de zakken onder in een waterbad. Kook gedurende 1 uur en 15 minuten.

Zodra de timer is gestopt, verwijder je de hamburgers. Gooi kookvocht weg.

Verhit de olijfolie in een koekenpan op hoog vuur en leg de hamburgers erin. Schroei 45 seconden per kant dicht. Leg de pasteitjes op de geroosterde broodjes. Garneer met tomaat, sla en kaas. Bijwonen.

Kalkoen gevuld met bacon en walnoten gewikkeld in ham

Bereiding + kooktijd: 3 uur 45 minuten | Porties: 6

Ingrediënten

1 gesnipperde witte ui

3 eetlepels boter

1 kop in blokjes gesneden spek

4 eetlepels pijnboompitten

2 eetlepels gehakte tijm

4 teentjes knoflook, fijngehakt

Zest van 2 citroenen

4 eetlepels gehakte peterselie

¾ kopje paneermeel

1 losgeklopt ei

4 pond kalkoenfilet zonder been, vlinder

Zout en zwarte peper naar smaak

16 plakjes ham

Adressen

Zet een waterbad klaar en plaats de Sous Vide hierin. Stel het in op 146 F.

Verhit 2 eetlepels boter in een koekenpan op middelhoog vuur en fruit de ui in 10 minuten glazig. Opzij zetten. Voeg in dezelfde koekenpan het spek toe en bak 5 minuten tot het bruin is. Voeg de pijnboompitten, tijm, knoflook en citroenrasp toe en bak nog 2 minuten. Voeg de peterselie toe en meng. Doe de ui terug in de pan, voeg het paneermeel en het ei toe.

Haal de kalkoen eruit en bedek hem met plastic folie. Klop met een vleeshamer tot het dik is. Leg de ham in aluminiumfolie. Leg de kalkoen op de ham en plet het midden zodat er een reep ontstaat. Rol de kalkoen strak van de ene naar de andere kant tot hij volledig is ingepakt. Dek af met plasticfolie en plaats in een vacuüm afsluitbare zak. Laat de lucht ontsnappen door middel van waterverplaatsing, sluit af en dompel de zak onder in een waterbad. 3 uur koken.

Zodra de timer is gestopt, verwijdert u de kalkoen en gooit u het plastic weg. Verhit de resterende boter in een koekenpan op middelhoog vuur en voeg de borst toe. Bak de ham 45 seconden per kant bruin. Rol de kalkoen op en bak nog 2-3 minuten bruin. Snijd de borst in medaillons en serveer.

Turkije Caesar Salade Tortilla Rolls

Bereiding + kooktijd: 1 uur 40 minuten | Porties: 4

Ingrediënten

2 fijngehakte teentjes knoflook

2 kalkoenborsten zonder bot en zonder vel

Zout en zwarte peper naar smaak

1 kopje mayonaise

2 eetlepels vers geperst citroensap

1 theelepel ansjovispasta

1 theelepel Dijon-mosterd

1 theelepel sojasaus

4 kopjes ijsbergsla

4 tortilla's

Adressen

Zet een waterbad klaar en plaats de Sous Vide hierin. Zet op 152 F. Breng de kalkoenfilet op smaak met zout en peper en doe deze in een vacuüm afsluitbare zak. Laat de lucht ontsnappen door middel van waterverplaatsing, sluit af en dompel de zak onder in een waterbad. Kook gedurende 1 uur en 30 minuten.

Combineer mayonaise, knoflook, citroensap, ansjovispasta, mosterd, sojasaus en het resterende zout en peper. Laat rusten in de koelkast. Zodra de timer is gestopt, verwijder je de kalkoen en dep je hem droog. Snijd de kalkoen in plakjes. Meng de sla met de koude dressing. Schep een kwart van het kalkoenmengsel op elke tortilla en vouw dicht. Halveer en serveer met de dressing.

kalkoen salie roll

Bereiding + kooktijd: 5 uur 15 minuten | Porties: 6

Ingrediënten:

3 eetlepels olijfolie

2 kleine gele uien, in blokjes gesneden

2 stengels bleekselderij, in blokjes

3 eetlepels gemalen salie

2 citroenschil en -sap

3 kopjes kalkoenvulling mix

2 kopjes kalkoen- of kippenbouillon

5 pond gehalveerde kalkoenfilet

Adressen:

Zet een koekenpan op middelhoog vuur, voeg olijfolie, ui en selderij toe. Sauteer gedurende 2 minuten. Voeg citroensap, schil en salie toe tot het citroensap minder wordt.

Giet het vulmengsel in een kom en voeg het gekookte saliemengsel toe. Meng met je handen. Voeg bouillon toe, meng met de hand tot de ingrediënten goed bij elkaar blijven en niet vloeibaar zijn. Verwijder voorzichtig het vel van de kalkoen en leg het op plasticfolie. Verwijder botten en gooi ze weg.

Leg de kalkoenfilet op de huid en plaats een tweede laag plastic folie over de kalkoenfilet. Rol het uit tot 1-inch dik met een deegroller. Verwijder de plasticfolie bovenop en verdeel de vulling over de platte kalkoen, laat een opening van ½ inch rond de randen.

Begin aan de smalle kant, rol de kalkoen op als een deegrol en bedek de kalkoen met het extra vel. Zet de rol vast met slagerstouw. Wikkel de kalkoenrol in de breedste plasticfolie en draai de uiteinden om de rol vast te zetten, die een strakke cilinder moet vormen.

Plaats de rol in een vacuüm afsluitbare zak, laat de lucht ontsnappen en sluit de zak. Zet 40 minuten in de koelkast. Maak een waterbad, plaats Sous Vide erin en pas aan tot 155 F. Plaats de kalkoenrol in het waterbad en stel de timer in op 4 uur.

Zodra de timer is gestopt, verwijdert u de zak en opent u deze. Verwarm een oven voor op 400 ° F, verwijder de plastic folie van de kalkoen en plaats deze in een ovenschaal met de huid naar boven. 15 minuten grillen. Snijd in plakjes. Serveer met een romige saus en koolhydraatarme gestoomde groenten.

Kalkoenfilet met tijm

Bereiding + kooktijd: 3 uur 15 minuten | Porties: 6

Ingrediënten

1 halve kalkoenfilet, zonder bot en vel

1 eetlepel olijfolie

1 eetlepel knoflookzout

1 eetlepel tijm

1 theelepel zwarte peper

Adressen

Zet een waterbad klaar en plaats de Sous Vide hierin. Stel het in op 146 F.

Combineer kalkoenfilet, knoflook, tijm, zout en peper. Doe het in een vacuüm afsluitbare zak. Laat de lucht ontsnappen door middel van waterverplaatsing, sluit af en dompel de zak onder in een waterbad. 4 uur koken.

Zodra de timer is gestopt, verwijder je de zak en dep je hem droog met een bakplaat. Verhit een gietijzeren koekenpan op hoog vuur en bak in 5 minuten goudbruin.

Pesto Kalkoen Gehaktbal Burgers

Bereiding + kooktijd: 80 minuten | Porties: 4

Ingrediënten

1 pond gemalen kalkoen

3 lente-uitjes, fijngehakt

1 groot ei, losgeklopt

1 eetlepel paneermeel

1 theelepel gedroogde oregano

1 eetlepel tijm

Zout en zwarte peper naar smaak

½ kopje pesto (plus 2 extra theelepels)

2 oz mozzarella kaas, in stukjes gesneden

4 grote hamburgerbroodjes

Adressen

Zet een waterbad klaar en plaats de Sous Vide hierin. Instellen op 146 F. Combineer kalkoen, ei, paneermeel, lente-uitjes, tijm en oregano in een kom. Kruid met peper en zout. Goed mengen. Maak minimaal 8 balletjes en prik met je duim een gaatje in het midden. Vul elk met 1/4 eetlepel pesto en 1/4 oz mozzarella kaas. Zorg ervoor dat het vlees de vulling bedekt.

Doe het in een vacuüm afsluitbare zak. Laat de lucht ontsnappen door middel van waterverplaatsing, sluit af en dompel de zak onder in een waterbad. Kook gedurende 60 minuten. Zodra de timer is gestopt, verwijder je de balletjes en dep je ze droog met een bakplaat. Verhit een koekenpan op middelhoog vuur en kook 1/2 kopje pesto. Voeg gehaktballen toe en meng goed. Leg op elk hamburgerbroodje 2 gehaktballen.

Kalkoenfilet met walnoten

Bereiding + kooktijd: 2 uur 15 minuten | Porties: 6

Ingrediënten:

2 pond kalkoenfilet, in dunne plakjes gesneden
1 eetlepel citroenschil
1 kopje walnoten, fijngehakt
1 eetlepel fijngehakte tijm
2 geperste knoflookteentjes
2 eetlepels verse peterselie, fijngehakt
3 kopjes kippenbouillon
3 eetlepels olijfolie

Adressen:

Spoel het vlees af onder koud stromend water en laat het uitlekken in een vergiet. Wrijf in met citroenschil en doe samen met de kippenbouillon in een grote vacuümzak. Kook op Sous Vide gedurende 2 uur op 149 ° F. Haal uit het waterbad en zet opzij.

Verhit olijfolie in een middelgrote koekenpan en voeg knoflook, pecannoten en tijm toe. Roer goed en kook 4-5 minuten. Voeg als laatste de kipfilet toe aan de pan en bak kort aan beide kanten. Serveer onmiddellijk.

Gekruide kalkoenschotel

Bereiding + kooktijd: 14 uur 15 minuten | Porties: 4

Ingrediënten

1 kalkoenpoot
1 eetlepel olijfolie
1 eetlepel knoflookzout
1 theelepel zwarte peper
3 takjes tijm
1 eetlepel rozemarijn

Adressen

Zet een waterbad klaar en plaats de Sous Vide hierin. Zet op 146 F. Breng kalkoen op smaak met knoflook, zout en peper. Doe het in een vacuüm afsluitbare zak.

Laat de lucht ontsnappen door middel van waterverplaatsing, sluit af en dompel de zak onder in het bad. 14 uur koken. Zodra dit is gebeurd, verwijdert u de poten en droogt u ze af.

Kalkoen in Sinaasappelsaus

Bereiding + kooktijd: 75 minuten | Porties: 2

Ingrediënten:

1 pond kalkoenborsten, zonder vel en zonder bot
1 eetlepel boter
3 eetlepels vers sinaasappelsap
½ kopje kippenbouillon
1 theelepel cayennepeper
Zout en zwarte peper naar smaak

Adressen:

Kalkoenfilets onder koud stromend water afspoelen en droogdeppen. Opzij zetten.

Meng in een middelgrote kom sinaasappelsap, kippenbouillon, cayennepeper, zout en peper. Meng goed en leg het vlees in deze marinade. Zet 20 minuten in de koelkast.

Plaats nu het vlees samen met de marinade in een grote vacuüm afsluitbare zak en kook in Sous Vide gedurende 40 minuten op 122 F.

Smelt de boter in een middelgrote pan met anti-aanbaklaag op hoog vuur. Haal het vlees uit de zak en voeg toe aan de pan. Bak gedurende 2 minuten en haal van het vuur.

Kalkoenpoten met tijm en rozemarijn

Bereiding + kooktijd: 8 uur 30 minuten | Porties: 4

Ingrediënten

5 theelepels gesmolten boter

10 fijngehakte teentjes knoflook

2 eetlepels gedroogde rozemarijn

1 eetlepel komijn

1 eetlepel tijm

2 kalkoendijen

Adressen

Zet een waterbad klaar en plaats de Sous Vide hierin. Stel het in op 134 F.

Combineer de knoflook, rozemarijn, komijn, tijm en boter. Wrijf de kalkoen in met het mengsel.

Doe de kalkoen in een vacuüm afsluitbare zak. Laat de lucht ontsnappen door middel van waterverplaatsing, sluit af en dompel de zak onder in een waterbad. 8 uur koken.

Zodra de timer is gestopt, verwijdert u de kalkoen. Bewaar de kooksappen. Verhit een grill op hoog vuur en voeg de kalkoen toe. Besprenkel met het kookvocht. Draai om en besprenkel met meer sappen. Reserveer en laat afkoelen. Bijwonen.

Kalkoenfilet Met Kruidnagel

Bereiding + kooktijd: 1 uur 45 minuten | Porties: 6

Ingrediënten:

2 pond kalkoenfilet, in plakjes
2 fijngehakte teentjes knoflook
1 kopje olijfolie
2 eetlepels Dijon-mosterd
2 eetlepels citroensap
1 theelepel verse rozemarijn, fijngehakt
1 theelepel gehakte kruidnagel
Zout en zwarte peper naar smaak

Adressen:

Meng in een grote kom de olijfolie met de mosterd, citroensap, knoflook, rozemarijn, kruidnagel, zout en peper. Meng tot alles goed is opgenomen en voeg de plakjes kalkoen toe. Week en koel gedurende 30 minuten voor het koken.

Haal uit de koelkast en doe over in 2 vacuüm afsluitbare zakken. Verzegel zakken en Sous Vide gedurende een uur bij 149 F. Haal uit het waterbad en serveer.

Kalkoenfilet Met Dille En Rozemarijn

Bereiding + kooktijd: 1 uur 50 minuten | Porties: 2

Ingrediënten

1 pond kalkoenborsten zonder been
Zout en zwarte peper naar smaak
3 takjes verse dille
1 takje verse rozemarijn, fijngehakt
1 laurierblad

Adressen

Zet een waterbad klaar en plaats de Sous Vide hierin. Stel het in op 146 F.

Verhit een koekenpan op middelhoog vuur, voeg de kalkoen toe en bak in 5 minuten bruin. Bewaar het vet. Kruid de kalkoen met peper en zout. Doe kalkoen, dille, rozemarijn, laurier en achtergehouden vet in een vacuüm afsluitbare zak. Laat de lucht ontsnappen door middel van waterverplaatsing, sluit af en dompel de zak onder in een waterbad. Kook gedurende 1 uur en 30 minuten.

Verhit een koekenpan op hoog vuur. Zodra de timer is gestopt, verwijdert u de kalkoen en brengt u deze over naar de koekenpan. Droog gedurende 5 minuten.

Geroosterde zoete eend

Bereiding + kooktijd: 3 uur 55 minuten | Porties: 4

Ingrediënten

6 oz eendenborst zonder botten

¼ theelepel kaneel

¼ theelepel gerookt paprikapoeder

¼ theelepel cayennepeper

1 eetlepel tijm

1 theelepel honing

Zout en zwarte peper naar smaak

Adressen

Zet een waterbad klaar en plaats de Sous Vide hierin. Zet op 134 F. Dep de eendenborst droog met een bakplaat en verwijder de schil, pas op dat u niet in het vlees snijdt. Breng op smaak met zout.

Verhit een koekenpan op hoog vuur. Bak de eend in 3-4 minuten bruin. Afhalen en reserveren.

Combineer paprika, tijm, cayennepeper en kaneel in een kom en meng goed. Marineer de eendenborst met het mengsel. Doe in een vacuüm afsluitbare zak. Voeg 1 eetlepel honing toe. Laat de lucht ontsnappen door middel van waterverplaatsing, sluit af en dompel de zak onder in een waterbad. Kook gedurende 3 uur en 30 minuten.

Zodra de timer is gestopt, verwijder je de zak en dep je hem droog. Verhit een koekenpan op hoog vuur en bak de eend in 2 minuten bruin. Draai om en kook nog eens 30 seconden. Laat afkoelen en serveer.

Eendenborst met tijm t

Bereiding + kooktijd: 2 uur 10 minuten | Porties: 3

Ingrediënten:

3 (6 oz) eendenborsten, met vel
3 theelepels tijmblaadjes
2 theelepels olijfolie
Zout en zwarte peper naar smaak

Ingrediënten:

Maak dwarse stroken op de borsten en zonder het vlees te snijden. Kruid de huid met zout en de vleeskant met tijm, peper en zout. Doe de eendenborsten in 3 aparte vacuüm afsluitbare zakken. Laat de lucht ontsnappen en sluit de zakken. Zet 1 uur in de koelkast.

Maak een waterbad, plaats Sous Vide erin en pas aan tot 135 F. Haal de zakken uit de koelkast en dompel ze onder in het waterbad. Zet de timer op 1 uur.

Zodra de timer is gestopt, verwijdert u de zakken en opent u ze. Zet een koekenpan op middelhoog vuur, voeg olijfolie toe. Voeg als het goed warm is de eend toe en schroei tot het vel krokant is en het vlees goudbruin is. Verwijder en laat 3 minuten rusten en snij dan in plakjes. Bijwonen.

Oranje ganzenconfituur

Bereiding + kooktijd: 12 uur 7 minuten + afkoeltijd | Porties: 6

Ingrediënten

3 laurierblaadjes

6 ganzenpoten

10 theelepels zout

6 teentjes knoflook, geperst

1 takje verse rozemarijn, steeltje verwijderd

1½ kopje ganzenvet

1 theelepel peperkorrels

Schil van 1 sinaasappel

Adressen

Bestrijk de ganzenpoten met knoflook, zout, peper en rozemarijn. Dek af en zet 12 tot 24 uur in de koelkast. Zet een waterbad klaar en plaats de Sous Vide hierin. Zet op 172 F. Haal de gans uit de koelkast en dep droog met keukenpapier.

Doe de gans, het ganzenvet, de laurierblaadjes, de peperkorrels en de sinaasappelschil in een vacuüm afsluitbare zak. Laat de lucht ontsnappen door middel van waterverplaatsing, sluit af en dompel de zak onder in een waterbad. 12 uur koken.

Zodra de timer is gestopt, haal je de gans uit de zak en veeg je overtollig vet weg. Verhit een koekenpan op hoog vuur en bak de gans in 5-7 minuten krokant.

Garnalen Pasta Met Citroen En Kaas

Bereiding + kooktijd: 55 minuten | Porties: 4

Ingrediënten

2 kopjes gehakte snijbiet

6 eetlepels boter

½ kopje Parmezaanse kaas

2 fijngehakte teentjes knoflook

1 citroen, geraspt en geperst

1 eetlepel gehakte verse basilicum

Zout en zwarte peper naar smaak

1 theelepel rode pepervlokken

1½ pond garnalen, ontdarmd, staart eraan

8 oz pasta naar keuze

Adressen

Zet een waterbad klaar en plaats de Sous Vide hierin. Stel het in op 137 F.

Verhit een pan op middelhoog vuur en combineer de boter, snijbiet, 1/4 kopje Pecorino Romano-kaas, knoflook, citroenschil en -sap, basilicum, zout, zwarte peper en rode pepervlokken. Laat 5 minuten koken tot de boter gesmolten is. Opzij zetten.

Doe de garnalen in een vacuüm afsluitbare zak en giet het citroenmengsel erbij. goed schudden Laat de lucht ontsnappen door middel van waterverplaatsing, sluit af en dompel de zak onder in een waterbad. Kook gedurende 30 minuten.

Kook ondertussen de pasta volgens de aanwijzingen op de verpakking. Giet het af en doe het in de pot. Zodra de timer is gestopt, verwijdert u de zak en brengt u deze over in de pastapan. Kook gedurende 3-4 minuten. Bestrooi met de resterende Pecorino-kaas en serveer.

Heilbot met Miso en Sweet Sherry Glaze

Bereiding + kooktijd: 50 minuten | Porties: 4

Ingrediënten

1 eetlepel olijfolie

2 boterlepels

⅓ kopje zoete sherry

⅓ kopje rode miso

¼ kopje mirin

3 eetlepels bruine suiker

2½ eetlepel sojasaus

4 heilbotfilets

2 eetlepels gehakte bieslook

2 eetlepels gehakte verse peterselie

Adressen

Zet een waterbad klaar en plaats de Sous Vide hierin. Zet op 134 F. Verhit boter in een pan op middelhoog vuur. Voeg de zoete sherry, miso, mirin, bruine suiker en sojasaus toe voor 1 minuut. Opzij zetten. Laten afkoelen. Doe de heilbot in 2 vacuüm afsluitbare zakken. Laat lucht ontsnappen door middel van waterverplaatsing, verzegel en dompel de zakken onder in een waterbad. Kook gedurende 30 minuten.

Als de timer is gestopt, haal je de heilbot uit de zakjes en dep je ze droog met een theedoek. Bewaar de kooksappen. Verhit een pan op hoog vuur en giet het kookvocht erin. Kook tot de helft is ingekookt.

Verhit olijfolie in een koekenpan op middelhoog vuur en breng de filets over. Schroei 30 seconden aan elke kant tot ze krokant zijn. Serveer de vis en besprenkel met Miso Glaze. Garneer met bieslook en peterselie.

Krokante zalm met zoete gemberglazuur

Bereiding + kooktijd: 53 minuten | Porties: 4

Ingrediënten

½ kopje Worcestershire-saus

6 eetlepels witte suiker

4 eetlepels mirin

2 kleine teentjes knoflook, fijngehakt

½ theelepel maizena

½ theelepel geraspte verse gember

4 zalmfilets

4 theelepels plantaardige olie

2 kopjes gekookte rijst, om te serveren

1 theelepel geroosterd maanzaad

Adressen

Zet een waterbad klaar en plaats de Sous Vide hierin. Stel het in op 129 F.

Combineer Worcestershire-saus, suiker, mirin, knoflook, maizena en gember in een hete pan op middelhoog vuur. Laat 1 minuut koken tot de suiker is opgelost. Reserveer 1/4 kop saus. Laten afkoelen. Doe de zalmfilets in 2 vacuüm afsluitbare zakken met de overgebleven saus. Laat lucht ontsnappen door middel van waterverplaatsing, verzegel en dompel de zakken onder in een waterbad. Kook gedurende 40 minuten.

Als de timer is gestopt, haal je de filets uit de zakjes en dep je ze droog met keukenpapier. Verhit een steelpan op middelhoog vuur en kook het bakje saus 2 minuten tot het dikker wordt. Verhit de olie in een koekenpan. Schroei de zalm 30 seconden per kant dicht. Serveer zalm met saus en maanzaad.

Citrusvis Met Kokossaus

Bereidingstijd: 1 uur 57 minuten | Porties: 6

Ingrediënten

2 eetlepels plantaardige olie

4 tomaten, geschild en in stukjes gesneden

2 rode paprika's, in blokjes

1 gele ui, in blokjes gesneden

½ kopje sinaasappelsap

¼ kopje limoensap

4 teentjes knoflook, fijngehakt

1 theelepel karwijzaad, geplet

1 theelepel komijnpoeder

1 theelepel cayennepeper

½ theelepel zout

6 kabeljauwfilets, zonder vel, in blokjes

14 ons kokosmelk

¼ kopje geraspte kokosnoot

3 eetlepels gehakte verse koriander

Adressen

Zet een waterbad klaar en plaats de Sous Vide hierin. Stel het in op 137 F.

Combineer sinaasappelsap, limoensap, knoflook, karwijzaad, komijn, cayennepeper en zout in een kom. Bestrijk de filets met het limoenmengsel. Dek af en laat 1 uur in de koelkast afkoelen.

Verhit ondertussen de olie in een pan op middelhoog vuur en voeg de tomaten, paprika, ui en zout toe. Laat 4-5 minuten koken tot ze zacht zijn. Giet de kokosmelk over het tomatenmengsel en kook 10 minuten. Reserveer en laat afkoelen.

Haal de filets uit de koelkast en doe ze in 2 vacuüm afsluitbare zakjes met het kokosmengsel. Laat lucht ontsnappen door middel van waterverplaatsing, verzegel en dompel de zakken onder in een waterbad. Kook gedurende 40 minuten. Zodra de timer is gestopt, verwijdert u de zakken en brengt u de inhoud over in een serveerschaal. Garneer met de geraspte kokos en koriander. Serveer met rijst.

Gepocheerde schelvis met limoen en peterselie

Bereiding + kooktijd: 75 minuten | Porties: 4

Ingrediënten

4 schelvisfilets, met vel

½ theelepel zout

6 eetlepels boter

Zest en sap van 1 limoen

2 theelepels gehakte verse peterselie

1 limoen, in vieren

Adressen

Zet een waterbad klaar en plaats de Sous Vide hierin. Stel het in op 137 F.

Bestrooi de filets met zout en doe ze in 2 vacuüm afsluitbare zakken. Voeg de boter, de helft van de limoenschil en het limoensap en 1 eetlepel peterselie toe. Laat lucht ontsnappen met behulp van de waterverplaatsingsmethode. Breng over naar de koelkast en laat 30 minuten afkoelen. Sluit de zakken af en dompel ze onder in het waterbad. Kook gedurende 30 minuten.

Zodra de timer is gestopt, verwijdert u de filets en dept u ze droog met een keukenhanddoek. Verhit de resterende boter in een koekenpan op middelhoog vuur en schroei de filets 45 seconden aan elke kant dicht, besprenkel met de gesmolten boter. Dep droog met keukenpapier en leg op een bord. Garneer met limoenkwartjes en serveer.

www.ingramcontent.com/pod-product-compliance
Lightning Source LLC
Chambersburg PA
CBHW071427080526
44587CB00014B/1766